Historia, conceptos y disciplinas de la semántica

 EDITORIAL
UNIVERSIDAD DE SEVILLA

 Calidad en
Edición
Académica

Academic
Publishing
Quality

COLECCIONES

Miguel Casas Gómez

Historia, conceptos y disciplinas de la semántica

EDITORIAL
UNIVERSIDAD DE SEVILLA

Sevilla 2025

Colección Lingüística
Núm.: 95

Esta publicación se enmarca en el proyecto «Aplicaciones de la lingüística digital al ámbito de la terminología: la creación de un léxico relacional bilingüe de usos terminológicos de la semántica léxica (PID2022-139201OB-I00)» de la Convocatoria Nacional de ayudas a «Proyectos de Generación de Conocimiento» y a actuaciones para la formación de personal investigador predoctoral asociadas a dichos proyectos, en el marco del Plan Estatal de Investigación Científica, Técnica y de Innovación 2021-2023.

© Editorial Universidad de Sevilla 2025
  Porvenir, 27 - 41013 Sevilla
  Tfnos.: 954 487 447; 954 487 451
  Correo electrónico: info-eus@us.es
  Web: https://editorial.us.es
© Miguel Casas Gómez 2025
Impreso en papel ecológico
Impreso en España-Printed in Spain
ISBN: 978-84-472-2684-9
Depósito Legal: SE 1803-2025
Diseño de la colección: notanumber
Maquetación y realización de cubierta: Intergraf
Impresión: Podiprint

A mis queridos compañeros del grupo de investigación "Semaínein",
en el trigésimo aniversario de su constitución.

Índice

ETAPAS HISTORIOGRÁFICAS, PERSPECTIVAS
Y DISCIPLINAS DE LA SEMÁNTICA

Presentación

Este volumen contiene un total de doce contribuciones del ámbito de la semántica léxica, disciplina en la que su autor y seleccionador de la antología, Miguel Casas Gómez, es un reputado especialista a nivel nacional e internacional. Las contribuciones, expuestas, en su mayoría, primero, oralmente en diversos foros, bajo el formato de conferencias plenarias, ponencias y comunicaciones en congresos –pues solo cuatro fueron presentadas originalmente como textos escritos, tres de ellas como capítulos de libros en volúmenes de homenaje a reconocidos lingüistas y una como artículo en la prestigiosa revista alemana *Romanische Forschungen*– han sido publicadas en medios que resultan, incluso actualmente, de difícil acceso, pues solo una de ellas puede encontrarse, aunque desde fecha muy reciente, *on line*, hecho este que puede ser debido a que los textos se circunscriben al periodo de los veinte años que transcurren entre 1995 y 2015.

La obra que presentamos está dividida en dos secciones temáticas, con seis aportaciones cada una de ellas, que versan, respectivamente, sobre «Historia y conceptos de la semántica», denominación esta del bloque primero, que abarca trabajos fechados entre 1995 a 2008, y sobre «Etapas historiográficas, perspectivas y disciplinas de la semántica», epígrafe que da título a la segunda sección del libro, con aportaciones que vieron la luz entre 1998 y 2015. No obstante, esta delimitación no debe ser interpretada de modo riguroso, pues una de las características más destacables de la monografía que nos ocupa es su transversalidad temática, de tal manera, que, con independencia del título del capítulo, en su interior pueden aparecer abordados, desde otras perspectivas o conectándolas con otros fenómenos semánticos, cuestiones también tratadas en otros estudios que han recibido otros encabezamientos más precisos, siendo este modo de proceder representativo en la novedosa visión expuesta sobre los niveles del significar o tipos de contenido lingüístico, que se trata, no solo en el capítulo 1, como corresponde a su título, sino también en los capítulos 4, 8 y 11, pero, sobre todo, en la revisión historiográfica y en la delimitación terminológica y conceptual que, de las unidades terminológicas de la semántica, se encuentran diseminadas a lo largo del volumen.

Esta horizontalidad en el tratamiento de los temas, que contribuye a la complementación multidireccional de los contenidos relacionados, se justifica si atendemos a la cronología de los textos del volumen, dado el entrecruzamiento temporal de los incluidos en cada uno de los bloques temáticos, teniendo en cuenta su fecha de elaboración y no estrictamente la de su publicación, información esta que se extrae de la nota inicial de cada capítulo. Así, por una parte, podemos diferenciar los trabajos del bloque primero correspondientes a un capítulo de libro de 1995 y a las exposiciones orales de una conferencia plenaria y tres comunicaciones en congresos, tres de ellos internacionales, de 1996, 1999 y, dos de ellos, de 2002, y relacionarlos con los cuatro textos iniciales del bloque segundo, correspondientes a una comunicación en 1997, una ponencia de clausura de un evento científico en 2003, y una comunicación y una conferencia plenaria en 2004; por otra parte, encontramos sendos trabajos posteriores, fechados concretamente en 2008, uno en cada bloque temático, correspondientes a un artículo en una revista científica y un capítulo de libro en un volumen de homenaje, y, para concluir, se cierra el libro con un capítulo de libro publicado en 2015, incluido en el bloque segundo, pues versa sobre «La fraseología como disciplina lingüística aplicada». Esta correlación entre bloques encuentra su paralelismo temporal en el desarrollo y consolidación, no solo de las líneas fundacionales, sino de otras que, en los respectivos periodos, se iban configurando paulatinamente como principales o destacadas líneas de investigación del grupo del Plan Andaluz de Investigación, Desarrollo e Innovación «Semaínein», dirigido, desde su nacimiento en 1993, por el profesor Miguel Casas Gómez, su investigador principal, y que ha venido obteniendo las máximas calificaciones en calidad científica y transferencia en las sucesivas evaluaciones a las que ha sido sometido por la Comisión de Evaluación Científica y Tecnológica de la Junta de Andalucía, además de haber sido merecedor, en 2009, del Premio de Investigación de la Universidad de Cádiz, en la modalidad de «Grupos de Investigación» de «Humanidades y Ciencias Sociales y Jurídicas», en el marco de la Primera Edición de Premios de Investigación de la UCA, y de ser reconocido en 2018 como uno de los «40 hitos científicos de la Universidad de Cádiz». Asimismo, resulta relevante la observación de que en determinadas aportaciones del libro se encuentra el germen de las que, con el tiempo, se convirtieron en otras líneas de investigación prioritarias del mencionado grupo, desarrolladas en publicaciones tanto del propio investigador principal de este como de otros miembros del mismo, algunas de ellas en colaboración con aquel; en proyectos de investigación con financiación de los planes nacional, autonómico y/o de la propia universidad de Cádiz o en tesis doctorales y otros trabajos de investigación dirigidos o codirigidos por el profesor Casas Gómez. Nos referimos, entre otras, a sus aportaciones sobre la variación lingüística, tanto desde la teoría lingüística como desde la sociolingüística, aunque, sobre todo, desde el punto de vista semántico, en el epígrafe 5 del capítulo 4; sobre realidad, cultura y variación: las variantes reales, en el capítulo 5; sobre lexicografía, metalexicografía, terminología y terminografía en el capítulo 10, o sobre fraseología y fraseografía en el capítulo 12.

Y todo ello porque en este libro se combina, con un enfoque actual y novedoso, el tratamiento de las cuestiones lexicológicas abordadas históricamente en los estudios sobre el léxico con el de los contenidos de la moderna semántica léxica, más abarcadora que la lexicología tradicional, de la que se encuentra plenamente diferenciada, por la amplitud de perspectivas con las que se afronta hoy en día el estudio del léxico, que ubica a la semántica léxica en la interfaz de las otras disciplinas que abordan otros niveles y ramas de la lingüística interna y externa y en la interrelación con los otros niveles de indagación semántica distintos del estrictamente léxico.

Por último, una valoración especial merece el anexo de «Referencias bibliográficas», que contiene tanto las incluidas originariamente por el autor en cada una de las aportaciones como las añadidas ahora por este, sobre todo en las notas a pie de página de cada capítulo, con el objeto de actualizar y completar con los más recientes tratamientos del tema que se trata o aspectos relacionados.

Estamos, por tanto, ante un volumen recopilatorio caracterizado por la unidad y la complementariedad en su variedad temática, aporte fundamental para los investigadores, estudiosos e interesados en esta rama de la lingüística encargada del significado en general y del nivel léxico en particular. La actualización y ampliación de las investigaciones previas expuestas en las doce contribuciones otorgan al volumen los rasgos de originalidad y oportunidad, pues sirve de puente para el abordaje de problemas clásicos del estudio del léxico desde perspectivas actuales de la semántica, abriendo novedosas futuras vías de análisis y contribuyendo así a deslindar con extraordinaria precisión los contenidos tradicionales de la lexicología de los de la moderna semántica léxica. Dado el desarrollo actual alcanzado por la semántica general y la semántica léxica en particular resulta totalmente necesaria la publicación de una obra de la envergadura de la que ahora se presenta, de la que emana, además, la rigurosidad científica y el buen hacer metodológico que sobresalen también en el resto de las publicaciones del autor.

Cádiz, abril de 2025
María Tadea Díaz Hormigo

Introducción

Este volumen recopila un conjunto de trabajos sobre *Semántica* publicados previamente por el autor, a lo largo de veinte años (desde 1995 a 2015), en diferentes editoriales nacionales e internacionales, sobre todo actas de congresos y homenajes académicos (algunos de ellos dispersos para su consulta y de difícil acceso), en concreto seis textos procedentes de participaciones en congresos, cuatro de contribuciones a homenajes científicos, un capítulo de libro derivado de un congreso y un artículo de revista.

Los objetivos generales de este libro son, básicamente, dos: 1) analizar, sobre todo desde el punto de vista de su vinculación histórica con la disciplina, una serie de conceptos de la semántica desarrollados fundamentalmente en el marco del estructuralismo y funcionalismo lingüísticos, y 2) establecer y deslindar, desde el punto de vista historiográfico, el entrecruzamiento existente en la semántica entre etapas, perspectivas y disciplinas.

Ambos objetivos constituyen, en este mismo orden, los dos bloques de contenidos del presente libro, es decir, primero se trata la historia y conceptos de la semántica y, en segundo lugar, las cuestiones historiográficas relativas a etapas o perspectivas de la semántica y al estatus lingüístico de determinadas disciplinas. En este sentido, advertimos que podríamos haber invertido perfectamente el orden de los bloques, esto es, introducir, en primer lugar, los contenidos de la parte más historiográfica y acometer, en segundo lugar, el estudio de los conceptos. No obstante, dado que, como ya se ha indicado, este libro se compone de un repertorio de estudios que datan del período comprendido entre los años 1995 a 2015, se ha preferido optar por un enfoque cronológico (el primer capítulo es de 1995 y el último de 2015) con objeto de que pueda apreciarse la evolución del pensamiento científico del autor sobre esta materia.

Los doce estudios, que componen este libro y que han sido debidamente actualizados e interrelacionados entre sí tanto desde el punto de vista del contenido como desde su documentación bibliográfica, versan sobre cuestiones historiográficas, conceptuales y disciplinares de la Semántica y están conformados en torno a dos grandes bloques simétricos (compuestos cada uno de seis capítulos): en el

primero, denominado *Historia y conceptos de la Semántica*, se analizan, concretamente, desde el punto de vista de su historia, nociones tan representativas de esta
ciencia, principalmente en el marco del funcionalismo, como los «niveles del significar» (los conceptos de «significado», «designación», «sentido» y «referencia»),
«sincretismo», «neutralización», «clasema», «equivalencia semántica», «variante
real» y «significante», mientras que, en el segundo, *Etapas historiográficas, perspectivas y disciplinas de la Semántica*, se afrontan algunas etapas específicas de esta
disciplina, como la semántica histórica, «tradicional» y preestructural, determinadas perspectivas o formas de acercamiento teórico-metodológico a la materia,
como la semántica de la lengua o del hablar como delimitación de fenómenos semánticos y disciplinas lingüísticas o la semántica desde el significante (semántica
de formas materiales) o desde el significado (semántica de formas de contenido),
distinción fundamental para concebir el verdadero punto de partida de la semántica y su objeto de estudio, las diversas dimensiones lingüísticas de la onomasiología y semasiología y la discusión crítica sobre el estatus teórico y, sobre todo,
aplicado de algunas disciplinas semánticas, como la lexicografía, la metalexicografía, la terminología, la terminografía, la fraseología y la fraseografía.

Si entramos en una descripción más pormenorizada de los distintos capítulos incluidos en este volumen, estos se encuentran, como se ha señalado anteriormente, organizados temáticamente en dos bloques. En el primero, dedicado a la
historia y conceptos de la Semántica, se incluye la primera incursión que realizamos
sobre un concepto básico de la disciplina como es la caracterización de los diferentes *niveles del significar* y sus correspondientes distinciones lingüísticas situadas en
la delimitación entre una lingüística sistemática o de la lengua (*significado y designación*) y una lingüística comunicativa o del hablar (*sentido y referencia*). Este
primer trabajo, titulado «Implicaciones léxicas de los niveles del significar» y publicado en 1995 en el primer homenaje al profesor Horst Geckeler, editado por Ulrich
Hoinkes (*Panorama der Lexikalischen Semantik. Thematische Festschrift aus Anlaß
des 60. Geburtstags von Horst Geckeler*, Tübingen: Gunter Narr Verlag, 101-112), su-
puso el punto de partida de los contenidos desarrollados años más tarde en nuestra monografía *Los niveles del significar* (Documentos de investigación lingüística, 7,
Cádiz: Universidad de Cádiz, 2002).

El segundo, «Para una delimitación funcional de los conceptos "neutralización"
y "sincretismo"», se presentó como comunicación en el *II Congreso Nacional de Lingüística General*, celebrado en 1996 en la Universidad de Granada y fue publicado
por José Andrés de Molina Redondo y Juan de Dios Luque Durán en *Estudios de
Lingüística General (III). Trabajos presentados en el II Congreso Nacional de Lingüística General (Granada, 25 al 27 de marzo de 1996)*, Granada: Granada Lingvistica y
Método Ediciones, 37-50. En este capítulo, se parte de la identificación que históricamente han sufrido estos dos conceptos en el marco de determinadas corrientes

estructuralistas para 1) valorar críticamente y en su justa medida la habitual indistinción entre *sincretismo* y *neutralización*; 2) llegar a establecer hasta cinco diferencias teóricas fundamentales entre ambos conceptos (lo que conlleva ciertas subdistinciones y precisiones terminológicas), y 3) distinguir el fenómeno de la *neutralización* de otros conceptos como los de «designación», «denotación», «uso neutro», «suspensión» y «subdistinción».

En el tercero, «Origen y desarrollo del concepto de "clasema"», publicado en las *Actas del II Congreso Internacional de la Sociedad Española de Historiografía Lingüística. León, 2-5 de marzo de 1999,* editadas en 2001 por Marina Maqueira Rodríguez, M.ª Dolores Martínez Gavilán y Milka Villayandre Llamazares, Madrid: Arco/Libros, 277-291, tras establecer el origen del término en la lingüística moderna y la revisión crítica de su definición a través de las distintas formulaciones de su instaurador, Bernard Pottier, se llega a la conclusión de que el *clasema* no puede definirse únicamente como sema genérico sino que muchas veces esta unidad funciona como rasgo específico distintivo, caracterizándose por ser unidades que se determinan sintagmáticamente y funcionan sintagmática y paradigmáticamente.

En el cuarto, titulado «Problemas lingüísticos implicados en la equivalencia semántica» y editado por Milka Villayandre Llamazares en las *Actas del V Congreso de Lingüística General (León, 5-8 de marzo de 2002),* vol. I, Madrid: Arco/Libros, 2004, 41-69, nos ocupamos de la imprecisión del término *sinonimia,* pues afirmar o negar la existencia de sinónimos depende, entre otros, de una serie de factores que determinan, por una parte, un adecuado establecimiento de las relaciones sinonímicas y, por otra, la posible existencia de equivalentes semánticos en las lenguas. Así, de forma genérica, abordamos cuáles son los problemas lingüísticos que subyacen a estos factores, como la concepción sobre el significado, el problema de la polisemia, la concepción sobre el signo, la variación lingüística, la concepción de sinonimia (identidad o similitud semánticas), las dimensiones lingüísticas, el principio de la neutralización, la sinonimia como virtualidad teórica y posibilidad de implicación designativo-significativa de los signos, los niveles del significar y los niveles de análisis semántico.

El quinto, «Realidad, cultura y variación: las variantes reales», publicado, bajo la edición de Manuel Casado Velarde, Ramón González Ruiz y M.ª Victoria Romero Gualda, en *Análisis del discurso: lengua, cultura, valores. Actas del I Congreso Internacional (Universidad de Navarra, Pamplona, noviembre de 2002),* vol. I, Madrid: Arco/Libros, 2006, 289-298, introduce teórica y prácticamente el concepto de «variación real o extralingüística», olvidado inexplicablemente por la lingüística (ni siquiera por parte de la dialectología o la sociolingüística), aunque no por otras ciencias como la lógica, la filosofía del lenguaje o la antropología, que ya se habían referido a la relatividad ontológica y cultural de la referencia. Una vez revisadas las aportaciones a este concepto por parte de disciplinas no lingüísticas, se explican teóricamente y con ejemplificaciones prácticas los conceptos de «laguna real» y «variante real» y se aplican a determinados fenómenos lingüísticos, como la sinonimia diatópica, los niveles del significar o la traducción, su relevante significación en el ámbito variacionista y su trascendencia en diversas disciplinas lingüísticas.

En el sexto y último capítulo de este primer bloque, titulado «El concepto de significante en el funcionalismo semántico» y publicado en la revista *Romanische Forschungen*, 120, 3, 2008, 283-306, se parte de la revisión crítica de dos teorías relevantes en lo que atañe a la concepción del significante en la semántica funcional, como la de la «extensión del significante» de Ramón Trujillo y la del «potencial comunicativo de las unidades léxicas» de Gerd Wotjak para aportar como conclusiones una tipología de criterios lingüísticos (de carácter morfológico, léxico, sintáctico-semántico o sociolingüístico) subyacentes al conjunto de factores pertenecientes al significante que delimitan funcionalmente significados e identifican signos distintos.

En cuanto al segundo bloque, dedicado a etapas historiográficas, perspectivas y disciplinas de la semántica, se inicia con un séptimo trabajo «Del historicismo al preestructuralismo semánticos», que fue publicado en 1998, bajo la edición de Feliciano Delgado León, M.ª Luisa Calero Vaquera y Francisco Osuna García, en *Estudios de lingüística general. Actas del II Simposio de Historiografía Lingüística (Córdoba, 18-20 de marzo de 1997)*, Córdoba: Universidad de Córdoba, 159-184. Se trata de uno de los pocos estudios sobre historiografía de la semántica, cuyo contenido es continuador de un panorama historiográfico anterior «De la Semasiología a la Semántica» (*I Congreso Internacional de la Sociedad Española de Historiografía Lingüística*, 1997). En este capítulo, se pretende, en primer lugar, clarificar los términos de *semántica histórica*, *«tradicional»* y *preestructural* con la adscripción de los respectivos contenidos que tales etapas de la semántica desarrollaron, sobre todo, en la primera mitad del siglo XX, para centrarnos, posteriormente, en la descripción de las investigaciones propias de la que denominamos *semántica preestructural*, que comprende básicamente la *semántica asociativa* y, muy especialmente, la *semántica neo-humboldtiana*, en cuya producción científica se encuentran las fuentes en alemán de los conceptos más representativos desarrollados por la semántica moderna.

El octavo, «Semántica de la lengua y semántica del hablar: fenómenos y disciplinas implicadas en su delimitación», se presentó, como «Keynote» de clausura, en el *VI Congreso Internacional de Lingüística Hispánica: «Enfoques y metodologías para la descripción de la interfaz entre el léxico (la semántica léxica) y la sintaxis del español»* (Universität Leipzig, 8 al 12 de octubre de 2003) y el texto fue editado por Gerd Wotjak y Juan Cuartero Otal en el volumen monográfico *Entre semántica léxica, teoría del léxico y sintaxis*, Frankfurt am Main: Peter Lang, Studien zur romanischen Sprachwissenschaft und interkulturellen Kommunikation, Band 22, 2005, 13-28. En este capítulo, abordamos las diferencias entre relación «significativa», relación semántica y relación léxica (véase para su delimitación conceptual, Casas Gómez 2005), así como sus conexiones con otros procesos estilísticos y pragmáticos, centrándonos fundamentalmente en los cuatro niveles del significar, con especial atención a sus repercusiones en la demarcación de ciertas ramas de la lingüística y su falta de distinción en determinadas corrientes, métodos de análisis, tendencias y disciplinas lingüísticas. Se comprueba, así, que no son pocos los procesos significativos que ponen de manifiesto una distinción epistemológica entre una semántica de la lengua y una semántica del hablar, perspectiva esta última en la que se inscriben disciplinas como la pragmática, la estilística, la lingüística del texto, el análisis del discurso o la terminología, relacionadas estrechamente con la semántica propiamente dicha, pero que requieren ser netamente diferenciadas de esta. En esta línea, nuestro propósito ha consistido en poner en valor, en el actual panorama lingüístico, sobre todo la delimitación entre semántica y pragmática, pues una cosa es que defendamos diferentes perspectivas de estudio de la lengua o formas de hacer lingüística, complementarias e integradoras entre sí, y que la lingüística haya traspasado sus propias fronteras hacia proyecciones inter/transdisciplinares, y otra bien distinta es que en el seno de nuestra ciencia los investigadores, a veces, ni tan siquiera apuesten por una, no solo posible sino justificada, delimitación de fenómenos y disciplinas.

En el noveno, «Semántica de formas materiales y semántica de formas de contenido», publicado, bajo la edición de Juan de Dios Luque Durán, en las *Actas del V Congreso Andaluz de Lingüística General (Granada, 17 al 19 de noviembre de 2004). Homenaje al profesor José Andrés de Molina Redondo*, vol. 2, Granada: Granada Lingvistica, 2006, 829-844, se parte de una introducción sobre unidades significativas, niveles de análisis semántico y disciplinas semánticas con objeto de centrarnos en los escollos y dificultades de la investigación semántica, en concreto, en un problema tradicional de carácter teórico-metodológico, como es la errónea contraposición en la semántica entre *forma* y *contenido*, como si la semántica no tuviera por objeto las *formas* y el significado no fuera *forma de contenido*. Por tanto, se requiere esencialmente la necesidad de describir esta disciplina desde las formas de contenido y no desde las formas materiales, es decir, la semántica científica no debe, por un lado, utilizar una perspectiva que parta de la expresión o significante, lo que nos llevaría a una errónea metodológicamente «semántica» *de formas materiales*, sino del contenido o significado, en cuanto objeto propio del análisis específico de una *semántica de formas de contenido*, estableciendo exclusivamente las relaciones entre significados de signos.

El décimo, titulado «El estatus lingüístico de las disciplinas aplicadas de la semántica», apareció publicado, bajo la edición de Pablo Cano López, Isabel Fernández López, Miguel González Pereira, Gabriela Prego Vázquez y Montserrat Souto Gómez, en las *Actas del VI Congreso de Lingüística General (Santiago de Compostela,*

3-7 de mayo de 2004), vol. II.A: Las lenguas y su estructura, Madrid: Arco/Libros, 2007, 935-952. En este capítulo, se analizan dos ramas lingüísticas de amplia relevancia en el dominio de la lingüística aplicada: la lexicografía y la terminología, con objeto de determinar, a partir del estudio de sus diversos componentes de tipo teórico, técnico-metodológico y práctico, el diferente estatus lingüístico que en el marco de las disciplinas semánticas posee la terminología frente a la lexicografía. Mientras ambas presentan cierta coincidencia analógica en lo que se refiere a planteamientos técnicos y aspectos metodológicos y prácticos, para los que han aparecido denominaciones como *metalexicografía*, *terminografía* e, incluso, podríamos proponer la de *metaterminografía*, la lexicografía no constituye una disciplina teórica, sino una pura praxis basada epistemológicamente en los presupuestos de la semántica y de la lexicología, en tanto que la terminología sí pertenece al campo de una teoría lingüística general de base comunicativa, en cuanto área restringida de una semántica léxica de carácter más bien «externo» que manifiesta no una visión sistemática de la lengua sino una perspectiva propia de una lingüística del hablar.

El undécimo capítulo, «Dimensiones lingüísticas de la semasiología y la onomasiología», editado por M.ª Luisa Mora Millán bajo el título *Cognición y lenguaje. Estudios en homenaje a José Luis Guijarro Morales,* Cádiz: Universidad de Cádiz, 2008, 45-73, versa sobre cuestiones historiográficas y dimensiones lingüísticas de la semasiología y onomasiología. Así, tras un estudio historiográfico del origen y evolución designativo-significativa de los términos *semasiología* y *onomasiología* en tanto históricas disciplinas lingüísticas y métodos complementarios de análisis semántico, nos centramos en otras aplicaciones lingüísticas de estos conceptos, como su utilización como sendos procesos cognitivos producidos en el acto comunicativo y su empleo como técnicas o métodos de análisis metalexicográfico en el ámbito de la elaboración de distintos tipos de diccionarios, dimensiones todas ellas que corroboran la inexistencia de una separación nítida o de límites tajantes entre onomasiología y semasiología.

En el duodécimo y último capítulo, previo a la documentación de las referencias bibliográficas, titulado «La fraseografía como disciplina lingüística aplicada», publicado en Eulalia Hernández Sánchez y M.ª Isabel López Martínez, *Sodalicia Dona. Homenaje a Ricardo Escavy Zamora*, Murcia: Universidad de Murcia, 2015, 91-108, ponemos de relieve los importantes avances en los estudios fraseológicos y fraseográficos, a fin de clarificar, en la línea de lo expuesto en el capítulo 10 en torno a disciplinas aplicadas de la semántica, el estatus lingüístico de la fraseología y, de forma especial, de la fraseografía como «teoría» y praxis. De este modo, concluimos con una caracterización de la fraseografía como disciplina aplicada, manifestando nuestro desacuerdo con el hecho de que este campo de conocimiento se ocupe de principios teóricos. De ahí que no podemos hablar de fraseografía teórica ni de metafraseografía como un componente teórico, aunque sí metodológico y práctico. Desde este planteamiento, puede definirse la *fraseografía* como la rama de la lexicografía que se ocupa de los aspectos metodológicos y problemas prácticos surgidos en el tratamiento de los datos relacionados con las unidades fraseológicas (de cuyos fenómenos y preceptos teóricos se ocupa la *fraseología*) tanto en la elaboración de diccionarios fraseológicos como en todo tipo de repertorios lexicográficos.

Con el compendio de los trabajos incluidos en esta *Historia, conceptos y disciplinas de la semántica*, se ha intentado cubrir un conjunto de temas fundamentales en la ciencia del significado a través del estudio e historia de conceptos semánticos relevantes, como los de «designación», «significado», «referencia» y «sentido» (los denominados *niveles del significar*), «neutralización» / «sincretismo», «clasema», «relaciones semánticas» (en especial, la «sinonimia»), «significante», «lagunas y variantes reales» o «semasiología» / «onomasiología», y de la reflexión teórica tanto sobre la historiografía de la semántica en lo que concierne a sus diferentes etapas en su nacimiento como disciplina científica, como en la delimitación de sus posibles perspectivas de análisis («semántica de la lengua» / «semántica del hablar» o «semántica de formas materiales o desde el significante» / «semántica de formas de contenido o desde el significado») y el estatus lingüístico de algunas de sus disciplinas, sobre todo aplicadas, como la lexicografía, la metalexicografía, la terminografía (frente a la terminología) y la fraseografía (en contraste con la fraseología).

De esta manera, se ha pretendido conformar un libro de interés y referencia para los docentes e investigadores especialistas en la ciencia del significado, pero también que sirva como manual para alumnos de grado, máster y doctorado en Lingüística, Traducción y en diversas especialidades filológicas.

I.
Historia y conceptos de la semántica

Capítulo 1
Implicaciones léxicas
de los niveles del significar[1]

1. No cabe duda de que una de las características intrínsecas sobre las que epistemológicamente se sustenta la semántica funcional es la delimitación de los distintos niveles del significar o tipos de contenido: *designación, significado* y *sentido*[2], con especial atención a las diferencias que los dos primeros presentan y las relaciones en que participan. Será la división hjelmsleviana entre *sustancia* y *forma* del contenido y, de un modo específico, la dicotomía *invariante / variante*, o lo que es igual, la oposición *significado / acepción*, de la que han hecho uso en sus fundamentaciones teóricas algunos semantistas, el problema del estructuralismo que subyace de forma latente y nos conduce irreversiblemente a la diferenciación, fundamental para la lexemática, de estos dos «planos semánticos».

El *significado*, definido como el contenido formalizado intralingüísticamente en las lenguas particulares, constituye la base semántica del análisis estructural y funcional de las lenguas, en tanto que la *designación* no se basa en la estructura misma de una lengua sino en el hablar en general, aquello que se da en todas las lenguas con independencia de su estructuración particular. Frente a la complejidad funcional del contenido lingüístico de una unidad léxica, dificultad que obviamente nadie discute pero que no impide el que podamos determinar con cierta nitidez el carácter estructural del significado léxico, el concepto de *designación*, debido a su naturaleza extralingüística, escapa a cualquier tentativa de estructuración

---

1. Esta contribución se publicó en el primer homenaje al profesor Horst Geckeler, editado por Ulrich Hoinkes: *Panorama der Lexikalischen Semantik. Thematische Festschrift aus Anlaß des 60. Geburtstags von Horst Geckeler*, Tübingen: Gunter Narr Verlag, 1995, 101-112.

2. Para la distinción de estos tres estratos de contenido lingüístico, cf. Coseriu (1973: 49-50, 1977a: 130-133, 162-163 y 185-209, 1977b: 243-244, 247-254 y 258, 1978: 114-123, 135-143, 187-203 y 206-209, 1981: 283-286); Geckeler (1971: 78-83 y 1973: 2-3 y 16), y Coseriu / Geckeler (1974: 146-148 y 1981: 54-55). Sobre tales niveles, véase lo indicado sobre todo en nuestra monografía (Casas Gómez 2002b).

sistemática, prestándose asimismo a toda una gama de matices interpretativos y de clasificaciones (cf. n. 6).

Si bien en la práctica tales interpretaciones remiten a un mismo hecho «semántico»: la referencia no lingüística de los signos o bien la propia realidad, por *designación* se entiende, primeramente, la relación del signo con el referente u objeto extralingüístico y «el componente de la acepción que resulta de tal referencia» (Coseriu 1977a: 187), o sea, la utilización de un significado en un acto de hablar. Esta es, digámoslo así, su definición básica como estrato de contenido mediante la cual podemos llegar a distinguir claramente en la lengua el plano designativo del propiamente significativo. En cambio, de forma genérica, la designación como tal se refiere a la «realidad entendida como extralingüística, o bien esta realidad misma (en cuanto "representación", "hecho", "estado de cosas")» (Coseriu 1978: 207) y, naturalmente, a su aportación a la actividad del lenguaje. Aludimos con ello a la importante *contribución* del pensamiento en general, de la experiencia y conocimiento del mundo, de las creencias u opiniones tradicionales acerca de los «objetos», en suma, del saber de las cosas designadas «a la acepción y al hablar en general (a la llamada "producción de oraciones")» (Coseriu 1977a: 188). Como consecuencia particular de lo expuesto, este concepto finalmente hace referencia a las *asociaciones* que, respecto de lo «real» o de las cosas denotadas, entablan unos signos con otros signos (no *oposiciones* entre significados de signos) por semejanza o contigüidad de los significantes y/o significados (cf. Coseriu 1977a: 169).

Paralelamente a esta diferenciación nuclear de la lexemática, conviene disociar dos tipos de relaciones en las que intervienen los niveles del significar previamente descritos: son las llamadas relaciones de significación y relaciones de designación[3]. Para el citado lingüista rumano, que esquematiza estos dos tipos de relaciones en un conocido gráfico[4], la *significación* se define como la relación estructural que se establece entre los significados de los signos, en tanto la *designación* es la relación entre los signos lingüísticos y las realidades extralingüísticas por

---

3. Hemos de dejar bien claro que los términos lexemáticos *significación* y *designación* se alejan bastante del sentido que estos adquieren dentro de la semántica «tradicional» o «preestructural», donde tales conceptos indican, respectivamente, los procesos inversos que nos llevan de un significante formal a un concepto y viceversa (cf. capítulo 11). Así, Baldinger aclara, en dos notas de su *Teoría semántica* (1977: 57-58 n. 18 y 119 n. 1), que, desde su especulación teórica, el empleo de *significación* y *designación* no coincide con la terminología coseriana: «se ve aquí que Coseriu se sirve de los términos *significación* (= *designatio*, se refiere a conceptos intensionalmente definidos) y *designación* (= *denotatio*, se refiere a conceptos extensionalmente definidos) de otra manera que nosotros (…); nuestra oposición *significación / designación* queda dentro del 'designatum' y no corresponde a la oposición *designatum / denotatum*».

4. Además de las referencias señaladas en la n. 2, véase también Gutiérrez Ordóñez (1981a: 119-121 y 1989: 65-67) en lo que concierne fundamentalmente a las limitaciones que ofrece la visión del lingüista rumano (cf. n. 6).

ellos referidas y a las que representan en el discurso, englobando las conexiones designativas de índole asociativa establecidas entre signos en torno a un determinado «objeto», según nuestra propia y particular manera de concebir la realidad.

2. La descripción de este punto básico de la lexemática necesita ser completada con algunas observaciones que redundan en la importancia decisiva que las diferencias aludidas tienen para su concreta aplicación práctica a determinados aspectos lingüísticos y, en consecuencia, para una más adecuada interpretación de los hechos semánticos, pudiéndose llegar, por esta vía, a precisar los límites y subrayar, de esta forma, la no coincidencia de fenómenos que habitualmente se hallan confundidos.

En esta línea, hemos de destacar las implicaciones o posibilidades de relación de estos niveles del significar, dado que identidad de designación no es igual a identidad de significado. De esta circunstancia, se percató Hattori (1956: 207-212) en su breve artículo sobre el significado, cuyo análisis ha tenido importantes repercusiones para el establecimiento de las unidades semánticas, sobre todo del semema y, de forma implícita, del clasema (cf. capítulo 3). Así, al comparar los «sememas» de palabras correspondientes a lenguas diferentes, concretamente el del japonés *me* y el del mongol *nüdä*, va a discernir entre significado y referencia con un acercamiento intuitivo a los hechos clasemáticos, pues a menudo palabras que en una misma lengua o en distintas lenguas y dialectos denotan la misma clase de cosas, eventos, etc., no tienen, por ello, idéntico semema: «the fact that the same thing or event may be referred to by means of various words does not mean that the sememes of these words are the same» (p. 211). Con ello, señala que ambos vocablos designan el «ojo», pero «Japanese *me* refers to the eye which opens and closes rather than the eye-ball, while Mongol /*nüdä*/ which is the only word for 'eye' refers to the latter rather than the former» (p. 210), es decir, difieren en su contenido semántico, ya que la palabra japonesa define el ojo como 'superficie', en tanto que la mongol lo clasifica como 'volumen', hecho este que se manifiesta en un distinto comportamiento *clasemático*[5] de acuerdo con su distribución con adjetivos de 'superficie' o 'volumen', respectivamente. De la misma forma, Coseriu advierte que en todas las clases de designación[6], sobre todo en la que denomina, de acuerdo con

---

5. En los apartados sobre la semántica estructural coseriana escritos por Geckeler, según consta como advertencia preliminar en sus trabajos conjuntos (1974: 152 n. 109 y 1981: 59 n. 109), nuestro homenajeado profesor había ya sugerido que «an intuition of the classeme can be discerned already» en Hattori (1956: 207-212). Véase también Coseriu (1973: 50 y 1977a: 133), que cita el ejemplo de Hattori para corroborar precisamente que no se puede inferir una identidad significativa a partir de una identidad designativa o referencial (cf. n. 7), a lo que añade que la distinción significativa entre ambos vocablos «se manifiesta en el plano sintagmático (solidaridad con determinados adjetivos)».

6. En un artículo fundamental para la constitución de una lingüística del hablar, Coseriu (1955-56: 35-36) va a distinguir entre una *designación potencial* y una *designación real* de los signos: «Los nombres

su terminología, *designación de lengua* –precisamente por ser la que más se presta a una confusión en este sentido[7]–, hay que separar ambos «planos semánticos», ya que «los significados lingüísticos no coinciden con las clases de *designata*» (1977a: 132), o dicho de otro modo, «la designación de dos signos puede ser (aun constantemente) la misma sin que sus significados sean idénticos» (1977a: 163).

Es obvio que este principio es válido también y debe ser tenido muy en cuenta para el problema de la traducción y de la comparación de lenguas[8], desde el momento en que la designación supone un «contenido» que *puede* ser común

---

que integran el saber lingüístico no son «actuales»; no significan «objetos», sino «conceptos» (…), un nombre *nombra* un concepto (que es, precisamente, el significado virtual del nombre mismo) y solo potencialmente *designa* a todos los objetos que caen bajo ese concepto. Solamente en el hablar un nombre puede *denotar* objetos)». Se precisa, pues, un acto concreto de referencia para actualizar y «dirigir los signos respectivos hacia los objetos, transformando la designación potencial en designación real (*denotación*)». Esta distinción esencial en el campo designativo entre *designación potencial* y *designación real* o *denotación*, que se corresponde –como acertadamente ha apuntado Penadés Martínez (1993: 263 n. 14)– con las nociones de *denotación* y *referencia* en la teoría de Lyons (cf. n. 9), no la vuelve a utilizar en trabajos posteriores, lo que ha motivado ciertas críticas al respecto (cf. n. 7). Así, en su lexemática (1977a: 131-133) establece una subdivisión tripartita del concepto que estamos analizando. De este modo, habla de las siguientes clases de designación: a) *de lengua*: «la relación entre un signo y la clase de objetos a la que designa (independientemente de las interferencias de las clases)»; b) *múltiple*: «el mismo objeto puede ser clasificado en varias clases diferentes y, en consecuencia, puede ser nombrado (designado) por todos los signos correspondientes a estas clases», y c) *metafórica*: «un objeto puede ser designado ocasionalmente por signos que no corresponden a ninguna de las clases en las que está clasificado».

7. Coincidimos plenamente con Gutiérrez Ordóñez en su observación de que el profesor de Tübingen debería haber separado desde el principio, como hiciera en su artículo «Determinación y entorno» (cf. n. 6), el *designatum* del *denotatum* y no presentar «las diferencias entre la clase y el componente como una subdivisión del concepto de designación» (1981a: 121). En esta línea, el lingüista español afirma que «la llamada *designación de lengua* es un fenómeno de naturaleza totalmente distinta al resto de las *designaciones*: es un hecho de lengua, algo que está unido al signo con independencia de sus actualizaciones. Por el contrario, la llamada *designación* pertenece al habla y depende de las circunstancias de discurso. Como, por otra parte, la designación de lengua es de naturaleza distinta de la significación, convendría distinguir tres términos, pues tres son los hechos diferenciados» (1989: 67). Es esta la formulación que desde el primer momento realiza Lyons con su tricotomía *referencia, denotación y significado* (cf. n. 9), que supone un importante complemento de la teoría coseriana, no solo por el desdoblamiento de los dos primeros conceptos en el ámbito de la «aplicabilidad», sino, sobre todo, por el desarrollo y sistematización que ofrece de los distintos tipos de denotación y referencia. Dado que en la lengua el significado es a la designación lo que el sentido a la referencia en el acto discursivo, cabe sumar a esta división un cuarto término, ya que existe una designación «de lengua» o designación potencial de los significados lingüísticos y una designación real o denotación de los sentidos referenciales. De ahí que, en realidad, sean cuatro, y no tres, los niveles del significar: *designación* (potencial o de lengua), *significado, denotación* (designación real o referencia) y *sentido*. Para un desarrollo de estos cuatro niveles del significar, los dos primeros pertenecientes a una lingüística sistemática o de la lengua y los otros dos a una lingüística discursiva o del hablar, véase nuestra monografía (Casas Gómez 2002b: esp. 82-85).

8. Como a este respecto apunta Coseriu (1977a: 133), entre lenguas diferentes «hay que guardarse mucho de deducir una identidad de significación a partir de la identidad, aun total, en la designación».

a todas las lenguas, pero que es independiente de la estructura semántica de cada una en particular. Sin embargo, pese a que la aplicabilidad de tales «contenidos» a lenguas diferentes constituye una de las implicaciones teórico-prácticas de esta distinción, centraremos por el momento nuestra atención tan solo en los diversos grados de relaciones designativas y significativas que presentan los signos léxicos en el interior de una misma lengua, en cuyo sistema podemos establecer diferentes posibilidades de implicación de estos tipos de «contenido» en el ámbito de las relaciones léxicas.

2.1 Desde el punto de vista de la designación múltiple y metafórica, dos o más signos de un sistema léxico pueden llegar a tener en un determinado contexto y situación pragmática una misma designación y poseer, en cambio, un significado tan distinto que sus valores semánticos no guarden entre sí relación estructural alguna, ni paradigmática ni sintagmática. De ahí que no siempre coincidan identidad referencial e identidad sémica, o lo que es lo mismo, una misma designación no implica que los significados de dos o más signos léxicos sean idénticos, ni siquiera parcialmente semejantes, pues, como afirma Lyons –sin duda, uno de los autores que con mayor acierto se ha dedicado a la distinción entre *significado* y *referencia*[9]–, una cosa es el valor veritativo de un signo y otra muy distinta su valor cognitivo o significado descriptivo y ambos no deben en ningún momento identificarse. Frente a las teorías filosóficas que han desarrollado una semántica puramente extensional basada en la identidad de la referencia, el lingüista anglosajón no asume esta tesis en semántica lingüística y hace depender directamente la identidad o diferencia de sentido del significado descriptivo de los enunciados. Así, si un mismo individuo es al mismo tiempo *fool* y *linguist*, la sustitución de ambos elementos léxicos en distintas expresiones, como «John is a fool / a linguist», puede presentar el mismo valor veritativo desde el punto de vista referencial pero no idéntico significado descriptivo.

---

9. Quien ha elaborado, basándose en el fondo en la división entre sustancia y forma del contenido, diferenciaciones paralelas a las introducidas por el lingüista rumano (cf. nn. 6 y 7), si bien tales equivalencias se desvanecen cuando comparamos globalmente ambas teorías semánticas, debido, sobre todo, a la no distinción posterior, en la lexemática coseriana, entre *designación* y *denotación* y a las diversas interpretaciones del concepto de *designación* (cf. apartado 1). Así, el lingüista anglosajón discierne, principalmente en su *Semantics* (1977, I: 174-229), entre *application* o relación del signo con el mundo exterior, ámbito que desdobla, a su vez, al diferenciar las nociones de *denotación* (relación existente entre un lexema y las personas, cosas, lugares, propiedades, procesos y actividades exteriores al sistema lingüístico, que se establece con independencia de las ocasiones concretas de enunciación) y *referencia* (relación dependiente de la enunciación que no es válida para los lexemas como tales, sino para las expresiones y lo que estas representan en los contextos concretos en que se enuncian), y *sense* (= *meaning*) o conjunto de diversas relaciones u oposiciones que cada unidad contrae con otras en el sistema.

De esta manera, dependiendo de las eventuales circunstancias pragmáticas o mecanismos implícitos de cohesión textual que envuelven a todo uso comunicativo en su estructura y coherencia interna y que contribuyen necesariamente a la perfecta comprensión de las acepciones referenciales de determinadas unidades léxicas o parafrásticas en el hablar, comprobamos cómo, según las ocasiones, podemos emplear indistintamente *amigo* y *colega* para referirnos a una misma persona, sin que ello signifique que exista una sinonimia estrictamente léxica entre ambas unidades léxicas. Con total independencia de que encontremos en esta relación un caso de correspondencia o diversidad sinonímica de carácter diastrático, nos hallaríamos justamente ante elementos de similar valor extensional que en comprensión, esto es, intensionalmente, difieren en sus relaciones significativas inmediatas. Por ello, esta clase de identidad o equivalencia en la designación exige y presupone un conocimiento o información extralingüística que facilita el que podamos «referirnos a las mismas cosas de la realidad con palabras de significado distinto, que manifiestan diferentes perspectivas sobre el conocimiento del mismo referente» (Carbonero Cano 1983: 29), lo que constituye uno de los resortes más característicos y significativos de correferencia pragmática en el plano de manifestación discursiva.

Entre los usos estilísticos que se derivan del proceso de elección comunicativa del hablante según el contexto situacional, destaca la *variación* con objeto de no repetir formalmente un mismo elemento léxico en la cadena sintagmática. En este sentido, la «sinonimia» se erige en el recurso léxico, quizá más sobresaliente, de la recurrencia textual, que implica una continua e idéntica referencia al mismo referente mediante unidades léxicas simples o construcciones parafrásticas de análogo valor significativo que en lengua pueden ser parasinónimas (cf. apartado 2.2) e incluso palabras de significado completamente diferente. Si, por una parte, esta idéntica referencia situacional será la causante de que en el plano sintagmático a menudo se confunda la *designación* con la *neutralización* propiamente dicha (cf. capítulo 2), no cabe duda de que hace posible, por otra, que en el dinamismo lineal de la comunicación consideremos como «sinónimos» elementos que en modo alguno lo son en el plano paradigmático. Se explica así el famoso ejemplo, enmarcado pragmáticamente en una concreta situación comunicativa, de *passe-moi le sel* o *passe-moi la salière* de Rey-Debove (1966: 87). No se trata, pues, de un caso de neutralización contextual como algunos piensan[10], sino de identidad designativa producida por el desplazamiento metonímico o sinecdóquico de la referencia, que motiva como hecho estilístico de habla la acepción resultante y, por tanto, la aparente igualdad significativa de ambas expresiones.

_____

10. Véanse, por ejemplo, las explicaciones de Baldinger (1977: 244, n. 50) y Muñoz Valle (1975: 271-273, n. 13 y 281).

Indudablemente esta sinonimia designativa ha abierto desde la semántica del texto (cf. Bernárdez 1982: 103-105 y Miranda Nelson 1986: 91-96) nuevos planteamientos de enfoque del problema sinonímico, ya que este hecho pone al descubierto la existencia de toda una dimensión pragmática del concepto de «sinonimia», en función no solo de la supuesta ecuación significativa de los mensajes, sino en virtud también, tal como se exterioriza en el lenguaje hablado, de la identidad de respuesta por parte del oyente. Esto explica que frases del tipo *ferme la fenêtre*, *il y a des courants d'air*, *il fait froid*, etc. sean «paráfrasis pragmáticas»[11] que, en ciertas condiciones, pueden considerarse como «sinónimas» dependiendo de un determinado contexto de enunciación y de una misma interlocución emisor-receptor.

En suma, las distintas imprecisiones léxicas, originadas, sobre todo, por el uso de palabras vagas e impropias que reiteradamente advertimos en cualquier tipo de enunciado, pueden ser subsanadas por determinados condicionamientos pragmáticos que, en última instancia, son los encargados de que los diversos mensajes cumplan su función comunicativa. Pero, por este camino, obviamente nos hemos distanciado de la semántica lingüística para acercarnos al dominio de la semántica lógica, donde cobran especial interés todas estas *equivalencias referenciales*[12]. Tan solo por analogía podemos calificar los ejemplos analizados de *sinonimia referencial* o *pragmática*, pues, ciertamente, estos no constituyen ningún estado de sinonimia en cuanto tal, desde el instante en que tales equivalentes contextuales se fundamentan

---

11. Basándose en los tipos de paráfrasis ejemplificadas por Wunderlich, que no pueden ser estudiadas dentro del componente sintáctico, sino en el marco de un componente semántico y, eventualmente, pragmático, como también ocurre con las «paráfrasis deícticas» (en las que su equivalencia «sinonímica» depende del contexto de enunciación y de la referencia deíctica) o las «paráfrasis con 'conversos' (o inversos) léxicos» del tipo *acheter / vendre*, Brekle (1974: 71-72) caracteriza a las «paráfrasis pragmáticas» como aquellas frases «qui, toutes, expriment la même intention d'un locuteur, mais qui dépendent du contexte de l'énonciation, ou même de l'ensemble de la situation de communication, d'une manière beaucoup plus complexe que dans le cas des paraphrases déictiques», ya que solo en determinadas condiciones tales expresiones pueden ser «synonymes pragmatiques» (p. 72). Este concepto pragmático de sinonimia ha sido descrito igualmente por Fernández Sevilla (1983: 44), que adapta al español tanto el ejemplo de los enunciados equivalentes «¡qué frío entra!» y «cierra la ventana, por favor» como el de «por favor, deme la sal» o «por favor, deme el salero».

12. De acuerdo totalmente con Gutiérrez Ordóñez, que, tras aducir los ejemplos clásicos de Frege «estrella matutina» – «estrella vespertina» (con referencia al planeta Venus) y de Husserl (cf. Coseriu 1977a: 188, Coseriu / Geckeler 1974: 147, Lyons 1977, I: 197-199) «der Sieger von Jena» – «der Besiegte von Waterloo» (Napoleón), a los que añade otros como «el manco de Lepanto» – «el autor del Quijote» (Cervantes) o «mi mejor amigo está en Roma» – «el embajador de China está en Roma» (sustituibles referencialmente con el mismo valor de verdad al cumplirse la condición de que tal amigo desempeña este cargo), concluye que «no es sinonímica la equivalencia exclusiva en el denotatum o referente de dos expresiones lingüísticas» (1989: 120) y «tan solo de forma analógica podría hablarse en estos casos de sinonimia referencial» (1981a: 217). En esta misma línea, Lyons (1977, I: 199) había señalado, a propósito de este tipo de enunciados equivalentes, que «expressions may differ in sense, but have the same reference; and synonymous means 'having the same sense', not 'having the same reference'».

en relaciones discursivas de designación (hechos puramente de habla), mientras que la sinonimia propiamente léxica en tanto fenómeno estructural de nivel de lengua[13], situado concretamente en la virtualidad que caracteriza al sistema lingüístico, debe buscar su basamento en relaciones significativas, en hechos de significación[14].

2.2. Desde la perspectiva de la designación propiamente dicha, es decir, lo designado potencialmente por los signos de una lengua fuera del acto discursivo (si bien, en verdad, estos únicamente *denotan* «objetos» –transformación de la designación *potencial* en designación *real* (cf. n. 6)– insertos dentro de una situación comunicativa, donde se producen continuamente usos estilísticos ocasionales –transferencias predominantemente de carácter metafórico– e interferencias de las clases de «designata», base respectiva de las designaciones metafórica y múltiple), dos signos pueden coincidir, aun totalmente, en la designación (misma clase de objetos) y no en la significación, al poseer significados lingüísticos distintos, aunque con notas semánticas semejantes. Es lo que comúnmente se conoce como *sinonimia parcial*, *parasinonimia* o *cuasisinonimia*, cuyos casos no constituyen, la mayoría de las veces, una auténtica relación de «sinonimia» más o menos parcial –del tipo de las parejas léxicas *pez / pescado* o *tome / volume* por ejemplo– sino más bien de naturaleza hiperonímica-hiponímica, en la que sus elementos, aun pudiendo ser sustituibles y, por tanto, equivalentes en contextos específicos, sobre todo cuando media una neutralización, no solo no tienen la misma significación (no son idénticos en el contenido), sino ni siquiera «la misma clase designativa» (cf. Gutiérrez Ordóñez 1989: 119-120). Así ocurre con el ejemplo de relación inclusiva (*bateau / navire*) propuesto por Pottier (1964: 135), cuyos sememas se diferencian porque *navire* está marcado «par rapport au terme *bateau* (on peut toujours employer *bateau* en place de *navire*, et pas toujours *navire* en place de *bateau*)», pero que, sin embargo, este autor cita como un caso de sinonimia parcial y no de hiperonimia-hiponimia.

En efecto, entre hiperónimos e hipónimos no existe generalmente una reproducción exacta de la referencia sino una mera analogía o similitud de los

---

13. Véase, por el contrario, la postura sostenida por Lyons (1968: 452), que afirma que la sinonimia no es una relación estructural en sí misma, cuestión esta muy discutible y algo contradictoria en la formulación del lingüista anglosajón, que lógicamente dependerá de lo que se entienda por el concepto de sinonimia –véase, sobre todo, nuestra monografía sobre las relaciones léxicas (Casas Gómez 1999a)–. Su orientación formalista le lleva a relegar el estudio de la sinonimia, al considerarla una relación no esencial para la estructura semántica de la lengua y no indispensable, pues todo se podría expresar perfectamente sin sinónimos, aunque, eso sí, esta perdería principalmente su posibilidad de variación estilística.

14. Como bien dice Gutiérrez Ordóñez, «la sinonimia propiamente dicha se funda en la significación, no en la designación ni en la denotación» (1981a: 217), o, con otras palabras, «la sinonimia se plantea solo entre significados, no entre designaciones, denotaciones (referentes) o connotaciones» (1989: 119).

referentes concretos, al igual que ocurre con la «afinidad» semántica de los antónimos[15], que también se relacionan paradigmáticamente desde este punto de vista, pero no son idénticos referencialmente, si bien, a diferencia de los casos de hiperonimia-hiponimia, estos elementos léxicos no admiten la sustitución contextual, salvo que se actualice tal posibilidad en determinados hechos especiales de neutralización, como sucede con algunos contrarios graduales y complementarios. Ahora bien, no siempre las relaciones inclusivas que se establecen entre hiperónimos e hipónimos suponen una distinta clase designativa. Un ejemplo representativo es el de los vocablos griegos *ánthropos / brotós*, citado por Coseriu (1977a: 132-133) como ilustración de que los significados lingüísticos no coinciden con las designaciones y, lo que es más interesante, como observación de que, «desde el punto de vista lingüístico, la neutralización tiene exactamente el mismo sentido en los casos en que los términos de la oposición correspondiente designan la misma 'clase'» (1978: 31 n. 16), pues es este un caso de identidad de clase designativa –ambos designan la misma clase de objetos (los hombres)– pero con definiciones significativas distintas: «hombre en cuanto no animal» / «hombre en cuanto no dios». Aunque la formulación de estos rasgos por parte del lingüista rumano puede prestarse a una cierta confusión, pues aparentemente parece que sus significados presentan una oposición equipolente, este autor aclara, sin embargo, que el primer elemento léxico engloba al segundo, es decir, *ánthropos* puede sustituir a *brotós*, mientras que este no puede usarse para el significado propio de aquél, con lo que estamos ante una típica oposición privativa que responde obviamente a una relación semántica de hiperonimia-hiponimia, si bien Coseriu en ningún momento habla de esta relación, la cual identifica continuamente, a través del principio de neutralización, con la sinonimia (cf. Casas Gómez 1997c). No obstante, Gutiérrez Ordóñez (1989: 120) aduce el ejemplo de estos vocablos griegos tan solo en un apartado que encabeza así: «no es sinonímica la equivalencia exclusiva entre el *designatum* de dos signos» y no dice nada al respecto en uno anterior dedicado a la no sinonimia entre hiperónimos e hipónimos, en el que además afirma –como ya hemos apuntado antes– que estos no poseen la misma clase designativa. Con ello, este autor no se percata de que tales unidades léxicas presentan una relación de término extenso frente a término intenso y, sin embargo, contrariamente a su postulado, pertenecen a la misma clase de «designata», a no ser que considere estos elementos como sinónimos parciales o parasinónimos y, por consiguiente, conciba esta oposición como equipolente,

---

15. Para Pottier (1964: 135), la noción de «contraire» (del tipo *monter / descendre*) «repose sur une synonymie d'affinité», rasgo de intersección semántica «qui est utilisé intuitivement pour établir les champs sémantiques». Para las relaciones entre la sinonimia y la antonimia, cf. Geckeler (1989: 254-263) y Casas Gómez (1999a: 106-117).

interpretación que resulta difícil de comprender dada la evidente relación archile-xemática de *ánthropos* «hombre en general, ser humano» respecto a *brotós* «hombre mortal», cuyo rasgo especificativo lo convierte no «en un puro sinónimo de *hombre*» –como ha señalado Rodríguez Adrados (1967: 214)– sino en su hipónimo que, como producto de una polarización, se opone totalmente a *theós* «dios» en una clara, esta vez sí, relación de equipolencia.

De esta manera, se comprueba que la distinción entre parasinonimia e hiponimia no depende de la misma o diferente clase designativa de los elementos léxicos implicados, debido a que no siempre se cumple el que los términos inclusivos, frente a los parasinónimos, tengan distinto «designata» (aunque por lo general esto sea así), ya que, como hemos intentado demostrar, pueden coincidir en la designación, sino que sus diferencias hay que buscarlas en la propia naturaleza de sus diversas relaciones significativas, las cuales vienen marcadas por distintas oposiciones lexemáticas, pues los parasinónimos presentan una equipolencia semántica, en tanto que los hiperónimos-hipónimos entablan una verdadera privatividad.

2.3. Cabe, finalmente, una tercera implicación, también en el ámbito de la designación potencial o designación «de lengua», según la cual hemos de admitir, al menos en un plano teórico, la posibilidad de que dos signos léxicos puedan coincidir tanto en la designación como en la significación, es decir, tengan una misma referencia a una clase de objetos y posean un idéntico significado lingüístico. Abordamos, con ello, la relación de *sinonimia*, cuyo análisis debe establecerse entre significados de signos con expresión material diferente y no en el sentido clásico de una relación entre dos signos, lo que supondría tener en cuenta todos los contenidos a que pueden estar asociados dos expresiones fonemáticas (cf. Gutiérrez Ordóñez 1981a: 212 y 214 y 1989: 120). Como sabemos, el eje central de la discusión sobre este tema se polariza básicamente en las diversas posturas acerca de la existencia o no de sinónimos perfectos o absolutos. En este sentido, si bien en la lingüística moderna se ha generalizado el axioma de que no existen tales unidades léxicas, algunos autores han apuntado su existencia solo en el nivel del discurso –línea en la que hemos de situar el planteamiento de aquellos lingüistas que analizan la sinonimia en relación con los hechos de neutralización (cf. Casas Gómez 1993a: 75-76 n. 10, 1997c, y Casas Gómez / Muñoz Núñez 1992: 149-150 n. 49)– y otros, en cambio, la admiten –en ocasiones sin reservas– aunque por lo general advierten que los casos no abundan y son relativamente raros.

Por razones obvias no podemos entrar aquí en una revisión crítica de este problema semántico[16]. Tan solo nos contentaremos con el planteamiento de esta

---

16. Para una revisión y desarrollo de este problema semántico, véase específicamente Casas Gómez (1999a: 128-195).

posibilidad teórica de relación designativo-significativa de los signos dentro del sistema léxico, que nos conduce a aplicar, como hecho potencial, el concepto de *variación libre* –término que, por cierto, no se acostumbra a utilizar en semántica (cf. Lyons 1968: 73 y Casas Gómez / Muñoz Núñez 1992: 142 n. 31)– al ámbito de la sinonimia, pues los sinónimos propiamente dichos son los únicos elementos con posibilidades virtuales de sustitución en un mismo contexto.

Con independencia de lo puramente lingüístico, este panorama sinonímico se presenta en el terreno de las nomenclaturas o clasificaciones de rasgos objetivos que establecen simplemente un orden o enumeración con coherencia tan solo en el ámbito de las «cosas» (cf. Casas Gómez 1995a). No son pocos los autores que, desde distintos enfoques conceptuales o metodológicos, comparten esta misma opinión acerca de la existencia de sinonimia en el vocabulario terminológico, por lo que, frente a lo que ocurre en el léxico común, parece, en cambio, que en este punto existe *grosso modo* unanimidad de criterios en la lingüística actual. Y es que para las ciencias y las técnicas las palabras son sustitutos de las cosas (la significación coincide con la designación) y los contenidos de sus términos, frente a los de los signos estructurables en la lengua común que no pueden ser ni definidos, solo «mostrados» en su red particular de relaciones intralingüísticas (paradigmáticas y sintagmáticas), ni traducibles, son, por el contrario, «definidos» y traducibles: constituyen signos derivativos que responden a una convención verbal previa, de suerte que dependen de una *definición explícita* que apunta hacia una realidad determinada e inconfundible (cf. Coseriu 1977a: 96-100, 1987: 175-185, y Trujillo 1974: 206-210, 1983a: 617 y ss. y 1988: 134-142).

A la luz de estos principios lexemáticos, todo parece indicar que haya efectivamente ejemplos de sinónimos totales en este tipo de vocabulario, pues la sinonimia en este dominio –si existe como tal entre dos o más términos– siempre es absoluta, al margen de las posibles diferencias estilísticas o evocativas que continuamente puedan darse entre ellos, implicaciones que no deben ser consideradas desde una visión estrictamente semántica.

3. De las distintas posibilidades de implicación léxica de los niveles del significar, podemos concluir que existe, en primer lugar, una dimensión pragmática de la sinonimia, base de relaciones designativas entre signos, en donde la noción de identidad semántica solo es mantenida si consideramos los referentes. Por estas razones, la repetición por sustitución léxica sinonímica y la cohesión entre elementos sucesivos mediante el papel textualizador de otras relaciones semánticas (hiperonimia, hiponimia, antonimia, etc.) constituyen algunas de las formas más productivas de coherencia interna que exige obligatoriamente toda secuencia textual. Este tipo de recurrencias al mismo –como vimos a propósito de la «sinonimia» designativa–, análogo o distinto referente pone de manifiesto el tratamiento

y aplicabilidad de las relaciones semánticas entre lexemas desde cualquier modelo de carácter referencial dentro de una semántica del texto[17].

Por otra parte, la confusión existente en el ámbito de aquellos fenómenos léxicos que conciernen a determinadas relaciones designativo-significativas entre signos responde, en cierto sentido, a la imprecisión misma del término *sinonimia*, concebido, de forma casi unánime en la actual terminología especializada, como una semejanza de contenido entre signos o identidad de estos solo en ciertos contextos. De aquí se deduce que la sinonimia –entendida vagamente como mera noción de equivalencia semántica (parasinonimia, cuasisinonimia o sinonimia parcial) y no de identidad de contenido– y la hiponimia sean dos relaciones semánticas históricamente confundidas pero claramente diferenciadas. Por este motivo, para la simple afinidad o similitud semántica sería preferible emplear, según los casos, los términos de *parasinonimia* o *hiponimia*, conceptos que deben ser asimismo netamente diferenciados de acuerdo con el marcado carácter específico que supone el tipo de relación hiponímica y la distinta naturaleza de las oposiciones léxicas que ambas clases de signos entablan, y reservar, en cambio, el de *sinonimia* para aquellos casos en los que se dé realmente esta posibilidad en la lengua, es decir, cuando se perciba estrictamente una identidad entre los significados de dos o más signos tanto desde el punto de vista de sus relaciones paradigmáticas con los demás elementos de su sistema semántico, como en su misma distribución combinatoria en el plano sintagmático. Con ello, hemos de admitir, al menos teóricamente, la existencia de *variantes libres* no solo en la terminología, sino en el plano de las unidades significativas de la lengua común, pues, por otra parte, se requieren –tanto en este como en otros dominios semánticos– comprobaciones prácticas que verifiquen y, a la vez, clarifiquen los distintos aspectos teóricos.

---

17. Así, como mecanismos fundamentales de textualización, las estudia, por ejemplo, Bernárdez (1982: 103-105 y 117-125) en el capítulo que a las formas de coherencia textual dedica en su lingüística del texto.

Capítulo 2
Para una delimitación funcional de los conceptos «neutralización» y «sincretismo»[18]

1 En una encuesta realizada por Martinet (1957) sobre la noción de «neutralización» en la morfología y el léxico, a la que respondieron cuarenta y cinco lingüistas desde diferentes puntos de vista, se discutió la aplicabilidad del concepto de «neutralización» –que había sido descrito primeramente en el ámbito fonológico (cf. Trubetzkoy 1973: 69-75 y 209-221)– al campo de las unidades significativas. En los últimos años, el problema ha vuelto a recabar la atención de los lingüistas[19], siendo objeto de análisis aspectos como 1) la evolución historiográfica del concepto de «neutralización» en estrecha dependencia con el de «sincretismo»; 2) las posiciones teóricas y tratamiento terminológico, desde distintas concepciones metodológicas, de ambas nociones lingüísticas; 3) su comportamiento propio y aplicación al ámbito de la semántica en sus diferentes niveles de indagación lingüística, y 4) la confusión existente y, por consiguiente, los intentos de diferenciación teórica entre neutralización y sincretismo.

Por razones obvias, no podemos entrar aquí en una detenida revisión de tales conceptos lingüísticos. Tan solo nos limitaremos a valorar críticamente y en su justa

---

18. Este texto se presentó como comunicación en el *II Congreso Nacional de Lingüística General*, celebrado en 1996 en la Universidad de Granada y publicado por Molina Redondo, José Andrés de y Luque Durán, Juan de Dios (eds.), *Estudios de Lingüística General (III). Trabajos presentados en el II Congreso Nacional de Lingüística General (Granada, 25 al 27 de marzo de 1996)*, Granada: Granada Lingvistica y Método Ediciones, 37-50.

19. Cf. Gutiérrez Ordóñez (1981a: 227-230 y 1989: 133-136); Salvador (1984: 74-76, esp. 75 y 1985b: 49-50, esp. 49); Pascual Buxó (1980: 41-57); Trujillo (1988: 63-68); Devís Márquez (1992: 257-274, 1993: 515-518, n. 13 y 1994: 97-116); Akamatsu (1992: 89-91), Rodríguez Díez (1988: 79-90, 1989: 171, 1990: 105-1060, 1992: 97-99 y 1994: 27-65), Díaz Hormigo (2004: 69-96), Casas Gómez / Muñoz Núñez (1992: 147-150, nn. 47-48), y Casas Gómez (1990: 99-100, 1993a: 70-90, 1995c: 38-40 y 1997c: 99-106).

medida la habitual indistinción entre sincretismo y neutralización, y, a partir de este hecho, poder establecer algunas diferencias teóricas fundamentales entre ellos, así como distinguir el fenómeno de la neutralización de otros conceptos como los de «designación», «denotación», «uso neutro», «suspensión» y «subdistinción».

2. En efecto, la neutralización, en cuanto concepto genuino del estructuralismo funcional europeo[20], resultante en el fondo del principio de oposición (sin cuya obligada existencia no puede haber neutralización) y del análisis en rasgos distintivos, pronto iba a identificarse con el de sincretismo. Tal identificación parte de Hjelmslev, quien, desde su famosa nota sobre las oposiciones suprimibles (1939: 51-57, esp. 54-55), ha venido utilizando el concepto de «sincretismo» para recubrir dos fenómenos lingüísticos distintos. Así, en ningún momento del artículo citado hemos podido observar confusión alguna al respecto, si bien el título mismo responde propiamente a hechos de neutralización (oposiciones suprimibles). Esta circunstancia ya no queda igualmente reflejada en el párrafo inicial del capítulo sobre el sincretismo incluido en los *Prolegómenos* de su teoría glosemática (1943: 78), donde engloba a ambos términos en una sola definición, referida al hecho de que la conmutación entre dos invariantes puede suspenderse bajo determinadas condiciones, pero con ejemplos separados correspondientes a dos fenómenos distintos que él mismo denomina, respectivamente, como *sincretismo* (así en el latín *bonum* o alemán *gutes* entre nominativo y acusativo en el género neutro) y *neutralización* (como la que se advierte en danés *top* entre los fonemas /p/ y /b/ en posición final).

Pero la plena identificación de tales conceptos se hace más patente, al menos más representativa en lo que concierne a su paralelismo con la fundamentación teórica seguida por otros autores, en las páginas en las que el lingüista danés intenta aplicar sus nociones estructurales a los hechos semánticos, con objeto de sentar las bases de una posible semántica estructural, donde explícitamente define el *sincretismo* como un caso especial en el que, «en des conditions syntagmatiques déterminées, une commutation est obligatoirement suspendue (et, par conséquent, remplacée par une substitution)»[21], es decir, como un hecho de neutralización y, por el contrario, los ejemplos que aduce se corresponden con los citados casos de «sincretismos» morfológicos, en los que, en sentido estricto, no

---

20. Como ha señalado Coseriu (1981: 189), se trata de un fenómeno propio del estructuralismo europeo que no es reconocido ni por la lingüística firthiana, que «admite "sistemas" distintos en posiciones distintas», ni por el estructuralismo norteamericano, que, al limitarse, por lo general, a la parte material del lenguaje, presenta los hechos de neutralización como casos de *distribución defectiva*: «como ausencia de ciertas unidades en ciertos contextos o en ciertas posiciones».

21. Cf. su ponencia en el *VIII Congreso Internacional de Lingüistas*, Oslo (1958: 645 y 1959: 103). Para este concepto en este autor, véanse además sus trabajos (1971: 219-226, esp. 226, 1954: 176 y 184-185 y 1975: apart. 3.3).

se puede hablar de sincretismo, que es un concepto esencialmente paradigmático, sino solo de homonimia (ausencia de forma material expresa que supone una condición previa para que exista un posible sincretismo), ya que los *casos*, si bien constituyen el paradigma de una declinación en el sentido clásico de conjunto de formas que sirven de modelo en los diversos tipos de flexión, no forman, desde el punto de vista de la lingüística moderna, ningún paradigma, dado que no existe correlación entre ellos, es decir, no pueden alternar en el mismo puesto de una cadena y, en consecuencia, no pueden ser conmutables, pues las relaciones que establecen no son paradigmáticas, sino de tipo sintagmático.

Dada la dimensión lingüística que alcanzaron las teorías glosemáticas, es lógico que, a partir de esta escuela estructuralista, se confundieran de forma casi constante los fenómenos de *neutralización* y *sincretismo*[22], utilizándose con frecuencia ambos términos como equivalentes, y solo en contadas ocasiones se tratara de reservar «el de neutralización para la así llamada "neutralización sintagmática", y el de sincretismo, para la "neutralización paradigmática"»[23].

3. En relación con este problema, hemos de indicar que fue Coseriu (1964: 159, n. 29) el primero –creemos– que denuncia, sin referirse a ningún autor concreto, la mencionada confusión entre los referidos términos en una nota explicativa (a

---

22. Véase, por ejemplo, la desacertada aplicación que de este concepto glosemático hace Senabre (1971: 181-185) en su intento de establecer las analogías y diferencias entre la sinonimia y el eufemismo (cf. Casas Gómez 1993a: 71-78). Y es que esta confusión manifiesta entre neutralización y sincretismo en los escritos hjelmslevianos ha tenido una clara incidencia en la lingüística española, como puede observarse en los casos de Mariner (1958: 24): «Es decir que, frente a las neutralizaciones del tipo de lat. N. Ac. *mare* en neutro, donde la forma para ambos casos es única (cf., paralelamente, en el verbo castellano, pres. y pret. *amamos*)…» y, sobre todo, de Alarcos Llorach (1957: 13-23), que, en un trabajo específico sobre la neutralización en morfología, tras definir de forma no muy clara la neutralización en el plano del contenido: «se hablará de neutralización de morfemas cuando dos (o más) de estas unidades, distinguidas en otros casos, no aparecen distinguidas por diferentes significantes, con lo cual su diferencia de significado deja de ser pertinente» (p. 16), los ejemplos que cita ponen de manifiesto tanto el uso del concepto de «neutralización» para referirse a dos nociones bien distintas (tal como paralelamente hacía Hjelmslev con la utilización del término *sincretismo*): «Parece, pues, válido hablar de neutralización de 'nominativo' y 'acusativo' en *templum* (como también lo es en el caso de /p/ y /b/ en catalán *cap*)» (p. 18), como la confusión aludida al respecto: «Hay neutralización de dos unidades de contenido cuando, combinada cada una de ellas con la misma combinación de otras unidades, sus significantes no son diferentes (<nominativo> + <neutro> = <acusativo> + < neutro>)» (p. 20).

23. Rodríguez Díez (1989: 171; cf. también 1988: 80-81, 1992: 97 y 1994: 28-31). En estos últimos trabajos (1988: 80, 1992: 97 y 1994: 28-29), propone sendas definiciones para ambos tipos de neutralización. De este modo, la *neutralización paradigmática* «existe en un sistema dado (fonológico, gramatical o semántico) *a priori* o independientemente de su actualización en la cadena hablada», mientras que la *neutralización sintagmática* consiste en «la pérdida del valor distintivo de una oposición (fonológica, gramatical o semántica) como resultado del contacto con otras unidades en un contexto determinado; la *neutralización sintagmática* se da en la cadena, no en el sistema».

propósito de los sincretismos léxicos existentes en el it. *nipote* y rum. *nepot*, «nieto» y «sobrino»), en la que advierte que «le "syncrétisme" est *la suppression d'une opposition* dans le système même de la langue (c'est-à-dire *l'inexistence*, dans une section donnée d'un paradigme, *d'une opposition* qui existe dans d'autres sections du même paradigme) et ne doit pas être confondu avec la "neutralisation", qui est la suppression occasionnelle d'une opposition existant dans le système, dans une situation ou une position donnée»[24]. Como podemos observar, aporta para tal diferencia una definición de cada concepto que, en el caso específico del sincretismo –no de la neutralización, que aparece correctamente definida– presenta algunas deficiencias. Según hemos marcado en cursiva en el propio texto, el lingüista rumano comete una doble confusión: 1) en ningún caso, el sincretismo consiste en la supresión de una oposición (que es lo que caracteriza propiamente a la neutralización) y 2) tampoco supone la inexistencia de una oposición, si bien no partimos –como en la neutralización– de una oposición previa. Pero esta circunstancia no quiere decir en modo alguno que el sincretismo no constituya una oposición en sí misma (con correlatos análogos en otras secciones no solo del mismo paradigma –como afirma este autor– sino también de otros paradigmas) desde el punto de vista del contenido, lo único que ocurre es que las distintas funciones semánticas representadas por esta oposición no quedan recubiertas en la expresión por formas materiales diferentes, es decir, la existencia de una casilla vacía no impide que semánticamente puedan oponerse dos formas de contenido. Además, cuando señala que el sincretismo se produce en el sistema mismo de la lengua, tendría que haber puntualizado que en su formulación teórica también la neutralización pertenece al sistema, en el sentido de que se trata de un fenómeno que en cuanto tal se realiza en el hablar (*neutralización* propiamente dicha) porque lo posibilita el sistema mismo de la lengua (*neutralizabilidad*).

Con posterioridad y sin ningún tipo de rectificación expresa al respecto, los inconvenientes objetados serán prácticamente subsanados por el profesor de Tübingen en el capítulo que sobre este tema incluye en sus *Lecciones de lingüística general* (1981: 245-250), donde, de nuevo como crítica generalizada, parte de la siguiente afirmación: «Los estudiosos que admiten la neutralización no suelen, sin embargo, distinguirla de otro fenómeno muy diferente: el *sincretismo*» (1981: 245), para señalar así la diversidad de los dos fenómenos con el establecimiento de algunas de sus diferencias teóricas fundamentales; la adición de abundantes ejemplos

---

24. Esta misma concepción del sincretismo como la suspensión de una oposición en una determinada sección paradigmática es mantenida en su libro *Probleme der strukturellen Semantik* (1973: 60-61): «Der Synkretismus dagegen ist ein paradigmatisches Faktum der Sprache, d. h. in einer bestimmten Sektion eines Paradigmas fällt eine Opposition aus, die ansonsten in anderen Sektionen desselben Paradigmas gemacht wird». Insiste acertadamente en que el sincretismo se produce en los límites del paradigma y no entre diferentes paradigmas o entre diversas lenguas.

ilustrativos en distintas lenguas, y la introducción de un nuevo problema, el de la *subdistinción*[25], concepto que, si bien se relaciona estrechamente con ambos aspectos, conviene distinguir como fenómeno contrario a los dos primeros. Compárese, a tal efecto, su definición de *sincretismo* (de la que partíamos antes) con esta otra caracterización:

> La neutralización es la suspensión, en determinados contextos, de una oposición funcional que existe en la lengua en uno de los dos planos de ésta: o en la expresión o en el contenido[26]. El sincretismo, en cambio, es la no manifestación material, en una sección de un paradigma o en un paradigma, de una distinción de contenido que, en otras secciones del mismo paradigma o en otros paradigmas análogos de la misma lengua, se manifiesta también materialmente: la coincidencia en la expresión de dos (o más) contenidos diferentes en un determinado paradigma (…), no se distinguen en la expresión, puesto que la diferencia de contenido subsiste. No hay, en tal caso, suspensión de la oposición, ni un valor neutro que represente a los términos de ésta (Coseriu 1981: 245-246)

en la que, además de completar sus consideraciones sobre la neutralización, solventa hasta cierto punto los problemas aducidos en torno a las formas sincréticas, si bien este autor sigue apegado al significante formal y no define las relaciones significativas en términos del contenido mismo, sino de la propia expresión, ya que, si en el sincretismo subsisten unos valores semánticos diferenciales, existe en efecto una oposición de contenido que puede virtualmente neutralizarse, con lo que, situados en este plano y no en el de la expresión, la neutralización sirve de punto de partida en la creación de nuevos casos de sincretismo, fenómeno que no

---

25. Según Coseriu (1981: 247-250), existen casos en diferentes lenguas (cita expresamente para el nivel fonológico el de *r* / *rr* en español), donde es preferible hablar «no de una 'neutralización en la mayor parte de los contextos', sino de una *subdistinción* que solo se hace en ciertos contextos» (1981: 248).

26. Desde este punto de vista, resulta del todo inaceptable la posición de aquellos autores que restringen el fenómeno de la neutralización al ámbito exclusivo del significado y de las oposiciones significativas, idea esta que negaría las oposiciones y neutralizaciones fonológicas existentes en el plano de la expresión. Es este el caso de Martínez Valladares (1970: 55), cuando afirma que «el estudio de las oposiciones va unido al de las neutralizaciones de esas oposiciones. Para Adrados, Ruipérez y otros lingüistas cuya doctrina seguiremos aquí, tanto las oposiciones como las neutralizaciones se refieren al significado y no al significante. La neutralización consiste en la suspensión de una oposición desde el punto de vista del significado» (cf. también 1973: 189 y 1976: 224). Se trata, sin duda, de una interpretación errónea del pensamiento de Sánchez Ruipérez (1953: 241-252 y 1954: 1-32, esp. 26), que lo que dice realmente, y con razón, es que las oposiciones semánticas han de definirse en términos del contenido y no en términos del significante o expresión, aunque «por la naturaleza del lenguaje, toda diferencia en un plano, si es significativa, se corresponde con otra diferencia en el otro» (cf. Alarcos Llorach 1957: 15, que apoya el planteamiento de este filólogo clásico).

interesa desde una perspectiva semántica, al tratarse de un puro hecho material, de una simple no distinción formal.

Después del lingüista rumano, ha sido Martinet (1968: 1-20) quien ha aludido igualmente a la dificultad que algunos tienen en concebir netamente la diferencia entre sincretismo y neutralización, pero, a diferencia de Coseriu, será el primero que centre sus críticas en el lingüista danés[27]:

> Hjelmslev a toujours confondu l'un et l'autre sous le terme de *syncrétisme*, employé certainement, de préférence à neutralisation, pour marquer ses distances vis-à-vis de la phonologie pragoise (Martinet 1968: 11-12).

4. Una vez situado el problema de la identificación de dos conceptos que responden, por el contrario, a hechos lingüísticos divergentes, conviene que nos detengamos en especificar sus distinciones teóricas básicas, a fin de poder llegar a una más amplia caracterización de ambos procesos. En este sentido, vamos a establecer cinco diferencias fundamentales entre neutralización y sincretismo, algunas de las cuales conllevan ciertas subdistinciones y precisiones terminológicas:

1) El *sincretismo* es un fenómeno general que pertenece a la estructura del sistema mismo de la lengua, pues es evidente que los sistemas lingüísticos poseen, en sus distintos niveles, huecos o lagunas en la expresión material, mientras que la *neutralización* es un principio funcional[28] que permite el sistema de la lengua pero que se actualiza en el discurso. De este modo, precisamos que, para que se dé una neutralización, hemos de partir obligatoriamente de una oposición sistemática, ya que la lengua tiene, virtualmente, la propiedad de hacer posible o no que una determinada oposición se suspenda. Este aspecto esencial, sin embargo, no se ha tenido, por lo general, demasiado presente por ejemplo en los estudios semánticos, de forma que muchos autores entienden sin más la neutralización como un hecho puramente contextual, lo que ha motivado algunas consecuencias lingüísticas negativas en el intento de extrapolar la noción de neutralización del ámbito fonológico al plano de las unidades significativas. Dos claras repercusiones podríamos mencionar: a) si contemplamos la neutralización como un mero proceso del hablar,

---

27. Se basa, no obstante, en su trabajo sobre las oposiciones suprimibles, en el que, como ya hemos comentado, no parece percibirse tal confusión, si bien la sola observación del propio título nos remite al ámbito de las neutralizaciones.

28. Como dice Rodríguez Díez (1992: 99), frente a la noción de «sincretismo», que «queda reducida a una mera analogía y no está sujeta a unas reglas de aplicación que impidan la arbitrariedad o el recurso *ad hoc*», la de «neutralización» «se revela como una noción rigurosamente definida e integrada en los mecanismos de descripción lingüística funcional». Así, la *neutralización* aparece descrita por Coseriu (1978: 222-229 y 1981: 188-189) como principio fundamental del estructuralismo analítico, junto a los de *funcionalidad, oposición* y *sistematicidad*.

podemos llegar, por esta vía, a la identificación, en el plano semántico, de la neutralización en cuanto hecho de significación con el fenómeno de la *designación* o de la *denotación*, y b) al concebir la neutralización como un fenómeno contextual, producto del hablante en un momento determinado, cabe la posibilidad semántica de no partir de una oposición concreta, sino del principio por el que un signo puede poner entre paréntesis ciertas marcas semánticas y, sobre todo, estilísticas en un contexto y situación dados. De esta forma, confundimos la neutralización con la suspensión o supresión de rasgos lingüísticos y/o extralingüísticos, circunstancia que deriva, en parte, de que los elementos léxicos no actualizan siempre *todas* sus marcas semánticas en los diferentes contextos en que aparecen y que viene propiciada también por el hecho de que los componentes semánticos que configuran el significado de una palabra no son idénticos para todos los miembros de una comunidad[29], idea de libertad y creación que coincide con el concepto semántico de *uso neutro*, desarrollado en la teoría «estructural» de Rodríguez Adrados[30], sobre todo en cuanto «uso estilístico» que explica los casos de metáfora, y que este autor distingue de la *neutralización fonológica*.

Para solucionar justamente el primer inconveniente señalado, Coseriu establece la distinción entre *neutralización / neutralizabilidad*, en el sentido de que el sistema de la lengua posee una propiedad o característica estructural (denominada *neutralizabilidad*), que posibilita que una determinada oposición se materialice contextualmente de una cierta forma, es decir, que faculta que pueda suspenderse o no esa oposición. Así pues, la *neutralización* se da en el discurso, pero en virtud de una capacidad estructural del sistema, esto es, en cuanto tal es un hecho de habla, si bien, como realización de la *neutralizabilidad*, afecta a la lengua misma como posibilidad actualizada en el hablar. No obstante, esta diferenciación no es suficiente para salvaguardar el segundo problema planteado, que requiere añadir a esta la distinción entre *neutralización / suspensión*. En el primer caso, se necesita como condición obligatoria partir de una oposición dada del sistema, mientras que esto no es requisito necesario en la *suspensión* o *supresión* de semas o de rasgos connotativos, como ocurre, por ejemplo, en los frecuentes procesos metafóricos, en los

---

29. Es el concepto de *semema como enciclopedia* propuesto en cuanto representación semántica por Eco (1977: 206-209).

30. Para este concepto en este autor, véanse sus trabajos (1962: 1-41, 1967: 203-204 y 214-221, esp. 218-219, 1968: 20-32, 1971a: 11 y ss., 1974a, I: 61-64 y 1980, I: 128-130, 506-510, 538 y II: 560-565, 614, 618 y 679). En la línea de esta misma concepción humanizada de la semántica estructural (cf. Casas Gómez 1991: 120, n. 7), se sitúa otro filólogo clásico, Muñoz Valle (1971: 415, 1973: 52-60, 1974: 87-100 y 1975: 278-287), quien acepta y resalta el concepto de «uso neutro» planteado por Rodríguez Adrados, dedicando la mayor parte de sus estudios sobre la sinonimia al análisis de la neutralización de las connotaciones.

que, sin mediar obviamente oposición alguna, se produce la supresión de unos rasgos y la actualización de otros que sirven de base de comparación.

2) De la primera diferencia que hemos establecido, se deduce que la *neutralización* es un proceso típicamente sintagmático, en tanto que el *sincretismo* constituye un fenómeno paradigmático *per se*, pues, en efecto, siempre que hablemos de sincretismo debemos tener presente un paradigma, sin cuya existencia no podemos concebir este concepto. Es en este punto donde radica su diferencia con la polisemia u homonimia, cuyos significados no se ciñen a los límites impuestos en el interior de un mismo paradigma, mientras que el sincretismo es un tipo de polisemia paradigmática.

3) Para subsanar la confusión existente entre ambos fenómenos, hay quienes han intentado establecer una diferencia teórica basada en la relación entre planos lingüísticos (cf. Coseriu 1981: 247). Así, mientras que el *sincretismo* concierne a una relación entre el plano de la expresión y el plano del contenido, es decir, supone una manifestación del contenido por medio de la expresión desde el momento en que una misma forma material recubre varias funciones semánticas distintas, en los casos de *neutralización*, por el contrario, jamás pueden existir tales interferencias entre ambos planos, sencillamente porque, para que haya neutralización, hemos de partir obligatoriamente de una oposición, que, por principio, tiene como cualidad necesaria su homogeneidad, es decir, esta debe darse en un único plano lingüístico (en el de la expresión o en el del contenido) y no en ambos a la vez. En suma, frente a las interferencias concernientes a los dos planos del signo en los casos de sincretismo, en las neutralizaciones, en cuanto posibilidades virtuales del sistema de la lengua consistentes en las supresiones de oposiciones funcionales que por naturaleza deben ser homogéneas, no pueden darse, en cambio, este tipo de interferencias, debiendo pertenecer estas realizaciones discursivas a un mismo plano lingüístico: ya a la expresión (neutralizaciones fonológicas), ya al contenido (neutralizaciones morfológicas, léxicas y sintácticas).

4) El sincretismo no implica supresión de oposición alguna, por lo que tanto en la neutralización como en el sincretismo existe una oposición en el plano semántico. Discrepamos, pues, como hicimos antes, con el planteamiento inicial de Coseriu, con posiciones como las de Rodríguez Díez (1992: 97), para quien en los casos de sincretismo o neutralización paradigmática «salta inmediatamente a la vista que no existe pérdida o supresión de una oposición, ya que esta simplemente no existe[31]» o de Schmitt Jensen, que en la discusión del trabajo presentado por este lingüista español caracteriza al sincretismo como la «pérdida en una situación

---

31. Cita, además, como ejemplo de sincretismo un claro caso de neutralización gramatical, como el de la pérdida de la oposición aspectual en las formas compuestas *hube cantado* y *había cantado* del verbo español, esto es, alude a una indistinción entre formas «sinónimas» (que es una de las relaciones

especial de una oposición que existe en otra parte del sistema» (1992: 98). La única diferencia desde este punto de vista radica en el hecho de que los significados que se neutralizan disponen de respectivos significantes en el plano de la expresión, mientras que estos correlatos no se cumplen en los casos de sincretismo, cuyas oposiciones paradigmáticas en el plano del contenido carecen de correspondencia en el plano de la expresión, es decir, de distinciones formales que representen esos significados; de ahí que nos encontremos formalmente ante lagunas o casillas vacías en el sistema lingüístico. De esto se deduce, como implicaciones teóricas, que no solo las oposiciones, sino también las neutralizaciones y los sincretismos varían de una lengua a otra, pues cada una estructura sus sistemas de forma distinta (esp. *cerrar* // ingl. *close / lock*, al. *schliessen / zuschliessen*; al. *leihen, ausleihen*, esp. *prestar*, rum. *a împrumuta* // fr. *prêter / emprunter*, ingl. *lend / borrow*, etc.), y que la existencia de una laguna lingüística o ausencia de una distinción material no implica la ausencia de una forma de contenido.

5) Por último, desde una perspectiva exclusivamente semántica, ambos fenómenos se diferencian también por su conexión con distintas relaciones léxicas. Así, mientras la llamada *polisemia* u *homonimia* constituye la base del sincretismo, fenómeno que pone en relación ambos planos del signo, la neutralización se conecta, en cambio, con todas aquellas relaciones genuinamente significativas en las que interviene un solo plano: el del significado, como son la *sinonimia*[32], la *hiperonimia-hiponimia* y los distintos tipos de *antonimia*. Ahora bien, esto no quiere decir que exista una identificación entre todos estos procesos. De la misma manera que no podemos limitar los «sinónimos» y antónimos a casos de oposiciones neutralizables (cf. Casas Gómez 1997c), tampoco hemos de establecer una igualación entre los hechos polisémicos u homonímicos y el sincretismo, porque aquéllos son más generales que las formas sincréticas, que restringen su campo de actuación a la existencia de un paradigma y de sus límites, en tanto que los significados de las expresiones polisémicas u homonímicas pertenecen a paradigmas semánticos

---

semánticas que se conectan con la neutralización) y no entre formas homónimas (que son las que verdaderamente definen el sincretismo).

32. En este sentido, no coincidimos con Coseriu, autor que, si bien en ocasiones anteriores (1964: 152, n. 14 y 1977a: 31, n. 14 y 128) había relacionado siempre la sinonimia con la neutralización (cf. Casas Gómez 1997c), en su artículo crítico sobre la semántica prototípica (1990: 264) habla, en cambio, en relación con la explicación funcional del signo, de la sinonimia como sincretismo del contenido frente a la homofonía como sincretismo de la expresión, identificando el sincretismo con la *sustitución* (en el sentido hjelmsleviano del término) resultante de una virtual variación libre en el plano significativo: «La pertinencia lingüística es pertinencia de hechos lingüísticos en el plano de la lengua: pertinencia de un rasgo de la expresión al que –salvo los casos de *sinonimia (sincretismo del contenido)*– corresponde, en la lengua, una diferencia de contenido y, al revés, pertinencia de un rasgo del contenido al que –salvo los casos de *homofonía (sincretismo de la expresión)*– corresponde, en la lengua, una diferencia de expresión» (la cursiva es nuestra).

diferentes, o lo que es lo mismo, el sincretismo es un fenómeno que, si bien pertenece al ámbito de la polisemia u homonimia, alude solo a un aspecto parcial de este problema semántico, ya que todo sincretismo implica un estado de homonimia (polisemia de carácter paradigmático), pero no toda polisemia u homonimia supone un sincretismo. Este hecho diferencial no hace sino corroborar nuestro planteamiento (cf. Casas Gómez / Muñoz Núñez 1992: esp. 145-152), ya que la polisemia y la homonimia, por norma general, se han analizado partiendo de la expresión para llegar al contenido, con lo que tales aspectos, que suponen interferencias de planos, no constituirán nunca, bajo nuestro prisma, relaciones semánticas, dado que en realidad no establecen ninguna clase de oposición entre sus significados con independencia del plano de la expresión y, si lo hacen, se identifican con tipos como la hiponimia y la antonimia, que conforman las auténticas relaciones paradigmáticas. En definitiva, si las relaciones léxicas se tienen que establecer en un solo plano (el del contenido, no el de la expresión), hemos de concebir únicamente como tales relaciones aquéllas que se conectan directamente con el fenómeno de la neutralización y no con el del sincretismo, por la sencilla razón de que, si existe algún vínculo significativo entre dos o más signos, cabe, pues, establecer una determinada oposición funcional entre sus significados que puede asimismo suspenderse, y las únicas relaciones paradigmáticas que están en oposición neutralizable son la sinonimia, la hiperonimia-hiponimia y la antonimia (con las diferencias que este principio adquiere en las distintas modalidades de contrariedad semántica), nunca la polisemia y la homonimia, que, conectadas en cambio con el sincretismo, serían pura manifestación formal desde el punto de vista de la expresión.

5. Surge de aquí, pues, la demostración de que, para un análisis de la semántica en sus distintos niveles, hemos de partir necesariamente del plano del contenido y no del plano de la expresión, perspectiva esta última cuya extrapolación del ámbito de las unidades distintivas al de las unidades significativas implica una incorrecta aplicación metodológica, pues, de la misma manera que en fonología se parte del plano de la expresión para describir la naturaleza de los significantes, hemos de hacer lo propio cuando nos situemos en el dominio de la semántica, es decir, tomar como punto de partida el plano del contenido y analizar los significados, no los significantes, que sirven únicamente como meros correlatos de tales unidades funcionales.

Capitulo 3
Origen y desarrollo
el concepto de «clasema»[33]

1. En los apartados sobre la semántica estructural de Coseriu escritos por su discípulo Geckeler[34], este autor afirma que «an intuition of the classeme can be discerned already» en Hattori (1956: 207-212), concretamente en la contribución que con el título «The analysis of meaning» publicó en el primer homenaje a Jakobson, si bien el semantista alemán no proporciona ninguna explicación complementaria al respecto, que hubiera consistido básicamente en señalar dónde radica la intuición por él sugerida, es decir, en qué aspecto teórico de este trabajo podemos encontrar esa hipotética relación con el concepto de «clasema» que ahora nos concierne.

1.1. En este análisis sobre el significado, el lingüista japonés (Hattori 1956: 209), con objeto de separar los rasgos semánticos de carácter individual de aquellos otros con recurrencia social que componen «the semantic side of a linguistic production», incluye tres conceptos terminológicos (*semasieme*, *sememe* y *taxeme*), por medio de los cuales podemos llegar a analizar lingüísticamente el significado a nivel morfológico, léxico y sintáctico. El primer término es definido como «the meaning of a linguistic production which may be a sentence». Así, el «semasiema» de la expresión del japonés coloquial *Kono hon anata-no?*, que se corresponde con la inglesa *Is this book yours?*, puede ser descrito en líneas generales como «the first person is asking whether the book(s) near to himself belong(s) or not to the second person» (el significado interrogativo es expresado por la entonación). El segundo («semema») lo caracteriza como «the semantic side of a word», término que

---

33. Trabajo publicado en las *Actas del II Congreso Internacional de la Sociedad Española de Historiografía Lingüística. León, 2-5 de marzo de 1999*, editadas en 2001 por Marina Maqueira Rodríguez, M.ª Dolores Martínez Gavilán y Milka Villayandre Llamazares, Madrid: Arco/Libros, 277-291.

34. Según consta como advertencia preliminar en sus trabajos conjuntos (cf. Coseriu / Geckeler 1974: 139-156, esp. 152, n. 109 y 1981: 46-64, esp. 59, n. 109).

no solo aplica al plano léxico, sino también al morfológico: «every morpheme has a sememe, but the sememe of a bound morpheme is usually not so clear as that of a simple word (*i.e.* a morpheme-word)» (1956: 211). Advierte, además, que el «semasiema» como unidad oracional no está formado por la suma de los «sememas» de las palabras que constituyen una determinada oración. Por lo que se refiere al término semántico *taxema*[35], que se relaciona con los de *syntagmatème* o *tactema*, propuestos más tarde por Pottier (1964: 132 y 1968: 129-130) para caracterizar «les classes pertinentes à valeur sémantique, issues de la nécessité, dans le discours, d'établir un ordre séquentiel», este queda configurado mediante la relación semántica establecida entre sujeto y predicado o entre los elementos constitutivos de estos sintagmas: «The meaning "Subject – Predicate" is suggested by the 'taxeme': 'S-P'. A taxeme is the (syntactic) construction of a sentence or a sentence-fraction. In the above example, the form *kono hon* takes the S position and *anatano* the P position of the taxeme. The form *kono* modifies *hon,* because the former takes the Mr position and the latter the Md position in the taxeme 'Modifier-Modified'» (Hattori 1956: 209).

1.2. Aunque en la descripción de esta última unidad (el «taxema»), tal vez pueda verse un posible antecedente teórico relacionado con el clasema, será, sin embargo, a través de la comparación de los «sememas» de palabras pertenecientes a lenguas diferentes, concretamente los del japonés *me* y del mongol *nüda,* cuando realmente se aprecie este acercamiento a los hechos clasemáticos. En primer lugar, este y otros ejemplos le sirven para discernir entre significado y referencia (cf. capítulo 1), pues con frecuencia palabras que en una misma lengua o en distintas lenguas designan la misma clase de realidades, no poseen, por ello, idéntico semema, como ocurre con estos dos vocablos, que ambos designan el «ojo», pero difieren en su contenido semántico, ya que la palabra japonesa define el ojo como 'superficie', en tanto que la mongol lo clasifica como 'volumen', distinción significativa que se manifiesta en el plano sintagmático mediante la solidaridad léxica con determinados adjetivos[36]. De todo esto se deduce implícitamente cómo el concepto de «clasema» estaba, en efecto, ya presente de forma intuitiva, tal como había apuntado Geckeler, en las ideas del lingüista japonés, dado que estas palabras poseen

---

35. Conviene indicar que los términos *taxeme* («taxema») y *taxe* («taxa») han sido también utilizados por Pottier (1969: 27-28 y 1974: 68 y 332) en otro sentido, como categoría gramatical (por ejemplo, el morfema de género) y cada elemento del «taxema» (en este caso, las marcas de variación genérica –masculino, femenino, neutro– correspondientes a esta oposición morfológica), respectivamente.

36. Cf. Coseriu (1966: 210, 1973: 50 y 1977a: 133), quien, siguiendo precisamente a Hattori, corrobora que en la comparación entre lenguas «on se gardera bien de déduire une identité de signification de l'identité, même totale, dans la désignation».

un distinto comportamiento *clasemático* de acuerdo con su distribución con adjetivos de 'superficie' o 'volumen', respectivamente.

1.3. La revisión de estos planteamientos sobre el significado ha servido para demostrar cómo Hattori ya se había percatado de circunstancias como el hecho de que no se pueda inferir una identidad significativa a partir de una identidad designativa o referencial y que su análisis haya tenido importantes repercusiones para el establecimiento de las unidades semánticas, sobre todo del semema y, de forma implícita, del clasema.

2. En cualquier caso, el clasema como término lingüístico fue propuesto por Pottier (1963) en un breve libro mecanografiado, titulado *Recherches sur l'analyse sémantique en linguistique et en traduction mécanique,* cuya primera parte trata de la descripción de dos métodos semánticos[37]: el campo semántico desde el punto de vista «de l'infiniment petit aux classes généralisantes» (1963: 10-18) y el análisis clasemático orientado desde la perspectiva «de l'infiniment grand aux classes particularisantes» (1963: 19-26).

2.1. En principio, los clasemas son, para quien acuñó el término, «classes de distribution (à motivation évidemment sémantique) révélées par des critères combinatoires nombreux et dont les résultats sont homogènes» (Pottier 1963: 20). Un año más tarde nos da una definición más precisa de este nuevo término lingüístico: «le *classème* est une caractérisation d'appartenance de sémèmes à des classes générales sémantico-fonctionnelles: animation, continuité, transitivité»[38]. Se desprende, a primera vista, su estrecha vinculación con el concepto de «clase» que, tanto para la lingüística funcional europea como para el distribucionalismo norteamericano, se definía como el conjunto de lexemas que en un nivel superior de análisis muestran análogas combinaciones léxicas o gramaticales (cf. Báez San José 1977: 246). Es más, la calificación de *clase,* algunas veces especificada por el lingüista francés

---

37. Véase, para estas dos direcciones opuestas en el análisis lingüístico, su artículo del mismo año «Du très général au trop particulier en analyse linguistique» (1963b: 9-16). Compárese, en este sentido, la distinción introducida por el lingüista francés con la interpretación que más tarde hará Coseriu (1966: 212, 1967a: 294-295, 1968: 7-13, 1969a: 60-68, 1973: 52-85, 1976: 18-19 y 1977a: 135) al distinguir dos tipos diferentes de estructuras lexemáticas: campo léxico y clase léxica, aunque sus consideraciones, como bien ha apreciado Geckeler (1971: 203), son distintas a las de Pottier.

38. Pottier (1964: 125). En esta misma línea, se encuentran distintas definiciones que este autor proporciona en otros trabajos más o menos por la misma fecha: «ensemble des indices des *classes de comportement,* telles que l'*animation,* la *transitivité* (…), la *continuité* (…), la *matérialité* (…)» (Pottier 1965: 38) o «conjunto de las características de clases, como la *animación,* la *continuidad* o la *transitividad»* que manifiestan un «comportamiento combinatorio» (Pottier 1967a: 187 y 191).

con los adjetivos *conceptual*[39] o *semántica*[40], o sustituida, las menos, por la de *categoría semántica general* (cf. Pottier 1964: 133), puede prestarse a confusión con este mismo concepto desde una perspectiva gramatical. Justamente por su ambigüedad y para evitar su posible identificación con clases como sustantivo, verbo, adjetivo, etc., algunos prefieren la denominación, tomada de la lingüística anglosajona, de *subclase de palabras*, como es el caso de Rodríguez Adrados[41] y su grupo de investigación[42], en el que destaca principalmente Gangutia (1977: 18-20 y 32-33), quien, ante este problema terminológico, adopta la distinción entre nivel morfológico y paramorfológico (el más vago e inasible para definir que agrupa las subclases de palabras) en su tesis doctoral sobre el campo semántico «vida» / «muerte» en griego, donde comprueba que los adjetivos con el significado de «vivo» / «muerto» y los sustantivos y verbos correspondientes presentaban a veces diferencias según se refirieran a hombres o animales.

Pero aún hallamos en Pottier otra fórmula de definición del clasema, que no es tan reciente como apunta Geckeler (1989: 258) –basándose en el testimonio de la *Linguistique générale* (1974: 30) de aquel autor[43]–, pues, si bien no estaba presente en el original del artículo que difundiera los principios teóricos fundamentales de su semántica moderna (Pottier 1964), sí aparece, en cambio, en la versión española de este mismo trabajo, donde explícitamente habla de «clases semánticas muy generales, reveladas por conductas distribucionales (los *semas genéricos*, cuyo conjunto constituye el clasema)» (1968: 118-119). Lo que sucede es que

---

39. Como se aprecia en la caracterización que del *clasema* ofrece en su artículo en torno a la definición semántica en los diccionarios: «ensemble des classes conceptuelles générales apparait (trop) peu souvent dans les définitions» (Pottier 1965: 33). Véase también la definición que de su *Grammaire de l'espagnol* (1969: 29) proporcionamos más adelante en el texto.

40. Véase, principalmente, el cap. III: «Les classes sémantiques» de su obra *Grammaire de l'espagnol* (1969: 27-113).

41. Cf. su artículo «Subclases de palabras, campos semánticos y acepciones» (1971b: 335-336, esp. 336) y, sobre todo, su *Lingüística estructural* (1980, I: 311-323 y 520).

42. Hay quien ha hablado de «escuela semántica de Madrid» (cf. Martínez Hernández 1984: 401 y Casas Gómez 1991: 116 y 123-124, n. 24). Para una descripción de las líneas generales y recensión sucinta de cada uno de los trabajos lingüísticos de orientación estructuralista por él dirigidos en la Universidad Complutense de Madrid, cf. Rodríguez Adrados (1972a: 409-425 y 1975: 389-410).

43. Será a partir de 1967, concretamente desde la publicación de su «Présentation de la linguistique», cuando Pottier modifique su concepción en cuanto al clasema y se refiera a él como «sema genérico». De este aspecto historiográfico se percata más tarde Geckeler (1996: 93-94) en una sucinta revisión que ofrece del término *clasema*, definido por este autor como un rasgo distintivo de contenido, un sema, «mais un sème de caractère particulier, à savoir un sème d'une portée très générale dans l'ensemble du lexique», y en la que señala que este concepto no figura, ciertamente, en los índices terminológicos de obras posteriores de Pottier (1992a y 1992b). No obstante, como veremos en el texto, aparece nuevamente utilizado en su gramática explicativa del español, publicada en 1994 en colaboración con otros autores.

esta idea del clasema como sema genérico ha sido manejada, con más frecuencia que la anterior formulación, en distintos trabajos suyos, como en su «Présentation de la linguistique» (1967b: 24): «ensemble des sèmes génériques ou *classème* (…). Un sème générique indique l'appartenance à une classe générale telle que "matériel", "discontinu", etc.», en su *Grammaire de l'espagnol* (1969: 29): «*les sèmes génériques* qui indiquent l'appartenance à des classes conceptuelles telles que / matériel/, /humain/, /continu/… Ils peuvent être descriptifs ou combinatoires» y, de forma especial, en su *Linguistique générale* (1974): «l'ensemble des sèmes génériques est le *classème*» (p. 30); «le classème est constitué par l'ensemble des sèmes génériques dans un ensemble donné» (p. 73); «*classème*: ensemble des sèmes génériques, dans un sémème» (p. 321); «*sème générique*: élément du classème, permettant de rapprocher deux sémèmes voisins, par référence à une classe plus générale» (p. 330). En trabajos posteriores (cf. Pottier / Darbord / Charaudeau 1994: 286), nos proporciona en el glosario del metalenguaje utilizado en esta gramática explicativa, en particular del marco «psicomecanístico», una definición lingüística incluso –como bien ha reseñado Delbecque (1996: 204, n. 5)– más opaca: «*Classème*: dans le sémème, ensemble des sèmes intégrant le signifié dans une classe générique». Esta circunstancia ha provocado su generalización en este sentido: «el conjunto de sus semas genéricos constituye el clasema, aquello que hay de común en el significado de una clase (subclase para nosotros)» (Rodríguez Adrados 1971b: 336) o «el clasema es un sema genérico que caracteriza a un grupo de lexemas y determina, por ende, el funcionamiento de una estructura lexemática, la clase léxica» (García Hernández 1981: 28). Del mismo modo, Wagner (1982: 16, 18 y 26), que en sus análisis sémicos sigue los postulados de Coseriu y, sobre todo, las unidades y método de Pottier, habla de los clasemas como semas genéricos que «indiquent l'appartenance d'un terme à une classe plus générale et qui laissent voir les possibilités combinatoires du lexème»; así, por ejemplo, /objeto material/ para *bandera, banderín, estandarte* o *brazalete*, /animal/ y /ser vivo/ para los nombres de los bovinos según su edad: *vitelo, ternero, novillo, vaquilla, toruno, buey, vaca, toro*, o /intransitivo/, /imperfectivo/ y /durativo/ para los sonidos de los animales de la granja: *bramar, flautear, balar, relinchar, gritar*.

3. No obstante, si antes hemos aludido a la posible ambigüedad del término *clase*, aunque sin entrar a examinar la naturaleza misma de aquella definición de *clasema* en su relación con otras unidades terminológicas dentro de la concepción de la semántica de Pottier (lo que desbordaría las pretensiones de este capítulo en el que intentamos plasmar solamente la génesis y evolución del término *clasema*), ahora, al menos, debemos puntualizar que esta última interpretación semántica, la más extendida por cierto, no nos parece acertada por su vaguedad y falta de precisión, ya que un *archisemema*, unidad que en los análisis componenciales engloba distintos

tipos de semas, tanto los rasgos clasemáticos como los sémicos propiamente dichos, también constituye un «conjunto de semas genéricos» y, por tanto, tal caracterización no solo no contribuye a clarificar las difusas y borrosas fronteras semánticas entre el clasema y el archisemema, sino que dificulta aún más la problemática delimitación de estas dos unidades de la semántica. Tal circunstancia respondería a la pregunta lanzada hace años por Coseriu (1966: 212): «à quel degré de généralité un archilexème devient-il 'classème'?»[44], que, por lo demás, es tan solo una de las muchas dificultades que los clasemas plantean en el análisis semántico. Así, unos mismos rasgos sémicos de un determinado lexema son catalogados unas veces como clasemas y otras no, como ocurre, por tomar un ejemplo, con los rasgos 'extremidad', 'esfericidad' del fr. *tête*, que, para Greimas (1966: 42-54), constituyen *semas nucleares* que configuran el denominado comúnmente *núcleo sémico* o *figura nuclear* (en su terminología) del mencionado lexema, «minimum sémique permanente» o «invariante» (1966: 44) donde no incluye de manera explícita los clasemas del tipo 'animal', 'objeto', 'humano' (considerados de forma ambigua por este autor como *semas contextuales*, pues previamente había denominado así a las variables sémicas que pueden dar cuenta de los cambios de sentido contextuales), los cuales «doivent être étudiés de façon indépendante, séparément des figures sémiques» (1966: 53), mientras que para Díaz Tejera (1971: 361-370), quien, tomando el mismo ejemplo de Greimas, formula ciertas críticas muy bien fundadas al procedimiento de aplicación llevado a cabo en el análisis greimasiano, los rasgos 'extremidad', 'superioridad', 'esfericidad' aparecen caracterizados como clasemas del monema *cabeza* y apostilla: «el clasema –o clasemas– que se realice en todas las ocurrencias daría la noción base o núcleo sémico» (1971: 363). Hay que señalar que este lingüista utiliza el término *clasema* siguiendo a Pottier –dato importante y significativo para la objeción que estamos mostrando–, concepto sobre el que comenta lo siguiente: «No parece que haya cambiado mucho la cuestión a partir de Pottier, *Recherches* (…). Creo que a partir de aquí se han desarrollado solo matices, incluso en el propio Pottier» (Díaz Tejera 1971: 363, n. 5). Del ejemplo expuesto, sorprende, por un lado, el hecho de que, si bien en la literatura lingüística desarrollada sobre el tema del núcleo sémico se hace hincapié en que los valores de orden muy general ('animado', 'inanimado', 'persona', 'animal', etc.) no deben formar parte del semantismo de esta noción base: «Il ne peut donc être composé d'éléments de signification trop généraux, comme des classèmes par exemple» (Paquot-Maniet 1977: 347), Díaz Tejera incluya, sin embargo, esta unidad semántica en su caracterización de este concepto

---

44. Este autor ha resuelto el problema planteado en la pregunta «¿a qué nivel de generalidad un archilexema se convierte en clasema?», cuya respuesta es: «*a ningún nivel*, aunque (…) para designar las clases se empleen archilexemas. Las clases representan *otra* clasificación de lo real (no de los lexemas, sino de lo *designado* por los lexemas), diferente de la repartición en campos» (Coseriu 1995: 118; cf. n. 48).

y, por otro, el que, a pesar de sus juiciosas observaciones sobre la teoría del núcleo sémico tomando como punto de referencia a Greimas, se base, no obstante, en el análisis práctico del autor francés para afirmar que la abstracción del núcleo semántico a partir de la planificación de sus ocurrencias contextuales se lleva a cabo generalmente «mediante *clasemas* configurados por el lingüista» (Díaz Tejera 1971: 363; la cursiva es nuestra), cuando Greimas no cita en ningún momento este término en el apartado que dedica a la obtención de la figura nuclear del lexema *tête*, sino que lo hace en el siguiente, referido a los clasemas, concepto que utiliza en un sentido completamente distinto a como lo emplea el helenista español, precisamente para separar, como hemos visto, estas unidades de la formación del núcleo sémico y oponer, de esta manera, los clasemas (o semas contextuales) a los semas nucleares. De cualquier forma, como ya hemos advertido antes, resulta equívoco por parte de Greimas la denominación de *sema contextual* para referirse al clasema, pues un sema contextual es propiamente un rasgo de sentido variable que no pertenece a la lengua ni paradigmáticamente, pues se añade al contenido de un lexema en el hablar, ni sintagmáticamente, dado que no es marcador de combinatoria alguna (cf. Muñoz Núñez 1996a: 236-237, n. 63, 1996b: 95, n. 12 y 1999a: 98, n. 44).

4. Si bien algunas de las definiciones apuntadas sobre el *clasema* adolecen de poca claridad, se desprende de las respectivas formulaciones dadas por su creador que este término adquiere dos concepciones diferentes, aunque, como veremos, no del todo disociadas, con diversa repercusión en cuanto al alcance de la dimensión lingüística en la que opera. En este sentido, existe esencialmente en el desarrollo de su definición un ligero trasvase, mas no de un modo tajante, de lo sintagmático a lo paradigmático. En efecto, este concepto nace en un plano exclusivamente sintagmático desde el momento en que las estructuras paradigmáticas a las que remite el clasema, las clases léxicas, se manifiestan por las combinaciones léxico-gramaticales de los lexemas, es decir, se concibe este como marca de combinatoria resultante del análisis de los contextos distribucionales, rasgo que, en principio, no contribuye a la especificación del contenido del lexema, debido no solo a que se trata de un valor demasiado generalizador y, por tanto, no válido como elemento perteneciente al llamado núcleo sémico, sino al tipo de análisis lingüístico, restrictivamente paradigmático, que caracterizaba sobre todo a la semántica componencial en la década de los sesenta del siglo pasado. Sin embargo, más tarde Pottier va progresivamente integrando el clasema en el plano paradigmático como caracterización de pertenencia de elementos a clases generales semántico-funcionales, para extender, por último, su definición fundamentalmente en esta dimensión paradigmática como sema genérico, esto es, como rasgo que forma parte del semantismo de la unidad léxica, aunque también advierte en algunas de sus definiciones de esta segunda concepción que estos elementos pueden ser no solo descriptivos sino combinatorios, con lo que da cuenta de una

doble distinción de clasemas que, en definitiva, responde a las dos visiones o perspectivas, la paradigmática y la sintagmática, que recubre este concepto. No obstante, pese a lo extendido de esta última concepción, definir el *clasema* como el conjunto de los semas genéricos presenta una serie de inconvenientes que pueden resumirse en las siguientes objeciones: 1) su falta de distinción con el sema genérico correspondiente al archisememada o archilexema, cuando el funcionamiento del clasema es bien distinto a este tipo de sema genérico. En este sentido, a pesar de que los clasemas presenten «la apariencia de semas genéricos», hay que dejar clara «la distinta naturaleza del clasema frente al sema genérico» (Muñoz Núñez 1999b: 320), pues este último, en principio, no es una marca de combinatoria y, cuando lo hace sintagmáticamente, ya no funciona como sema genérico sino como clasema; 2) el no darse cuenta del doble comportamiento sémico del clasema, dada la existencia de distinciones clasemáticas que no funcionan como semas genéricos, sino específicos. Es evidente que clasemas del tipo 'ser humano', 'animado', etc. no constituyen rasgos diferenciadores que especifiquen el contenido léxico, pero a veces estos mismos clasemas sí contribuyen a establecer las diferencias semánticas entre dos o más lexemas, y otros llamados clasemas, como ocurre con el rasgo 'adlativo' de *alquilar*₁ «tomar en alquiler» o *arrendar*₁ «tomar en arriendo» o el 'ablativo' correspondiente de *alquilar*₂ «dar en alquiler» o *arrendar*₂ «dar en arriendo», no solo sirven para identificar funcionalmente diferentes signos de expresión homonímica o polisémica, sino para oponer en inversión antonímica, desde el punto de vista del significado, tales signos (cf. Casas Gómez 1990: 99-101, 1998a: 302 y 1999a), y 3) lo que es más importante, entender el clasema prácticamente desde una vertiente paradigmática supone olvidar el destacado papel sintagmático que esta unidad juega en la configuración del significado léxico y la verdadera función que desempeña, cual es la de marca de combinatoria, pues, como afirma con insistencia Gutiérrez Ordóñez (1981a: 193), «el concepto de clasema se define por su función sintagmática, y no por su mayor o menor grado de generalidad».

5. En este análisis sobre el clasema como unidad terminológica de la semántica, solo hemos podido dar cuenta de los aspectos relativos al origen del término en la lingüística moderna y su definición a través de las distintas formulaciones que este concepto ha recibido por parte de su instaurador, Bernard Pottier. Aún se encuentra en fase de elaboración el desarrollo lingüístico que el análisis del clasema en su dimensión funcional tanto paradigmática como, sobre todo, sintagmática ha tenido en el marco del estructuralismo y funcionalismo semánticos, muy especialmente en el ámbito de la lexemática de Coseriu y en la clasemática[45] de García

---

45. Como parcela estructural de la lexemática, vinculada estrechamente a la gramática, que tiene como objeto de estudio el análisis de un tipo de estructura paradigmática primaria del léxico, como es la clase léxica, y el establecimiento de su sistema opositivo en las respectivas lenguas históricas.

Hernández[46], impulsada por este autor con el establecimiento, a partir de unos tipos de relaciones propuestos teóricamente, de todo un sistema clasemático verbal de la lengua latina.

5.1. En cuanto al análisis acerca de su funcionamiento paradigmático, no ha sido hasta el momento lo suficientemente satisfactorio, dado el doble comportamiento (como sema genérico y como sema específico) que el clasema tiene desde este punto de vista, por lo que le dedicaremos una especial atención a esta dimensión. Y es que, en lo que respecta a su valor paradigmático, hemos de destacar, como ya se ha señalado, que el clasema no siempre alude a semas generales del tipo 'animado', 'transitivo', 'positivo', etc., sino que, contrariamente a la idea expresada por algunos autores que, en el marco de la teoría del núcleo sémico, sostienen que el clasema no forma parte del semantismo de un lexema, hemos comprobado, sin embargo, que en no pocas ocasiones este se comporta como un tipo de rasgo que permite especificar el contenido lexemático y, en consecuencia, diferenciar y oponer semánticamente unidades léxicas entre sí.

5.2. Algo distinto sucede con la dimensión sintagmática, que ha sido estudiada con cierto detenimiento en el ámbito de las denominadas solidaridades léxicas o diferentes tipos de estructuras sintagmáticas por Coseriu, a quien debemos la interpretación más completa del clasema, ya que parte de la propuesta de Pottier de denominar clasemas a «les valeurs d'ordre très général, fonctionnant dans des séries des champs (par exemple 'animé', 'inanimé', 'personne', 'animal')» (Coseriu 1966: 212), definición con la que se puede llegar incluso a confundir clasema y sema genérico, para extender su caracterización más tarde en sus estructuras lexemáticas como una marca que determina a un conjunto de lexemas o clase léxica, rasgo distintivo que funciona en toda una categoría verbal o en un sector de la misma, esto es, «du moins, dans toute une classe dèjá déterminée par un autre classème, d'une façon en principe indépendante des champs lexicaux» (Coseriu 1968: 11), y profundizar, a partir de las ideas neohumboldtianas[47] expuestas por Porzig en sus «relaciones semánticas esenciales», «campos semánticos elementales» o «campos sintácticos», en la dimensión sintagmática que esencialmente posee esta unidad de la semántica, lo que implica, para el lingüista rumano, concebir dos tipos de lexemas (el determinante y el determinado) y de clases léxicas: las *clases determinantes*,

---

46. Véanse, especialmente, sus artículos (1981: 23-35 y 1988: 1-23) y, sobre todo, los caps. «Las clases verbales» y «Relaciones clasemáticas verbales» de su libro (1980: 53-62 y 63-81). Una reseña de sus distintos trabajos sobre clasemática verbal puede verse en Casas Gómez (1991: 147-150).

47. Para la semántica neo-humboldtiana o teoría alemana de la «Sprachinhaltsforschung» (cf. el capítulo 7 de este volumen y, más recientemente, Casas Gómez / Hummel (2021: 1-23).

caracterizadas por un clasema del tipo 'persona', 'animal'[48], 'objeto', etc., que paradigmáticamente constituyen semas generales que normalmente constituyen rasgos de combinatoria sintagmática, y las *clases determinadas*, caracterizadas por un sema perteneciente o relativo a una clase X, la determinante, y funciona como rasgo de contenido o sema clasemáticamente determinado. Así entendido, el clasema actúa como sema específico en la clase determinada y en la clase determinante como rasgo genérico que, por lo general, funciona sintagmáticamente como marca de aplicabilidad combinatoria[49]. Podemos hablar, en este sentido, de *clasemas determinantes*, los que en la clase determinante comportan aquellos rasgos de carácter general que sirven para marcar la combinatoria y *semas clasemáticamente determinados*, los que funcionan en las clases determinadas como rasgos distintivos de contenido que indican su aplicabilidad a la clase determinante, al campo o dimensión archilexemática del lexema determinante o al mismo lexema determinante como tal, es decir, si «son relativos a» o «están determinados por» una clase (*joven* 'para la clase de los seres humanos', *nuevo* 'para la clase de los objetos', *anciano* 'para la clase persona', mientras que *viejo* se aplica tanto a 'personas' como a 'cosas'[50], *estatura* y *pierna* 'para la clase humano', en tanto que *alzada* y *pata* poseen el clasema 'no humano'), por un campo determinado (*alazán* para el campo de los 'équidos', que tiene a *caballo* como archilexema[51]) o por un sustantivo determinante en cuanto a lo designado por este lexema (*aguileña* solo se combina con *nariz*). Son

---

48. Sobre la diferencia entre clasema y archilexema, dificultad en la que nos hemos detenido a propósito de la definición del clasema como sema genérico y hemos aducido algún ejemplo ilustrativo de esta confusión en la que se interpretan como clasemas incluso determinados semas dotados de cierto grado de especificidad, conviene advertir también que el uso de designaciones archilexemáticas para las clases puede llevar a que un clasema parezca coincidir con un archilexema, «por lo menos en cuanto a los términos con los cuales se los designa» (Coseriu 1977a: 148), como ocurre con *animal*, donde hemos de especificar cuándo se emplea como archilexema de un campo léxico y cuándo este contenido se utiliza con función clasemática (véase Coseriu 1995: 118; cf. n. 44).

49. En su intento de determinar el estatuto del clasema en la descripción de los componentes del núcleo sémico, Muñoz Núñez (1999b: 317) entiende esta unidad como «marca de combinatoria para la clase determinante y como rasgo distintivo de contenido para la clase determinada».

50. De esta manera, las diferencias entre *viejo / anciano* no deben basarse en valores connotativos o estilísticos –como han establecido ciertos autores: «connotación de respeto en el segundo término y de desprecio en el primero» (Rodríguez Adrados 1980: 511)– sino en rasgos clasemáticos, pues el segundo elemento solo admite el clasema 'persona', mientras el primero tiene «un clasema más amplio: diremos *un pianista anciano* o *un pianista viejo*, pero nunca *un piano anciano*» (Lodares 1988: 42-43).

51. Coincidimos con Salvador (1989-1990: 344-345) en que la solidaridad que mantiene *caballo* con los adjetivos *alazán, bayo, roano, tordo*, etc. no es de implicación –como apuntaba Coseriu en 1967a–, sino de selección, ya que este sustantivo actúa claramente como archilexema de un campo formado por una amplia serie de lexemas con rasgos distintivos propios que se combinan sintagmáticamente con abundantes adjetivos de color. En un trabajo posterior, el lingüista rumano (1995: 123) se adhiere a esta corrección, al explicar que, aunque su interpretación es diferente, en el «nivel de las hipounidades se trata de 'selección'».

estos los tres tipos de estructuras sintagmáticas que Coseriu descubre en el ámbito de las llamadas *solidaridades léxicas* o relaciones de contenido entre un lexema determinante (siempre un sustantivo) y un lexema determinado (adjetivo o verbo) y que denomina, respectivamente, *afinidad, selección* e *implicación*, clasificación esta en la que no podemos detenernos pero que ha sido objetada por algunos autores. Así, por ejemplo, para Gutiérrez Ordóñez (1981a: 193 y 1989: 116) resulta un tanto innecesaria[52], dado que estos tipos se reducen a simples *afinidades*, ya que en realidad el llamado *clasema, archilexema* o *lexema* funciona en la clase determinada como distinción clasemática, esto es, desempeña en todos estos casos de solidaridades la misma función, la de marcar un «rasgo que establece las posibilidades de combinatoria semántica y que se erige en valor de una clase de contenido». Son *clasemas* o condiciones semánticas referidas a contenidos de carácter general (más o menos abstracto) o más concreto o específico que imponen unos signos limitando su combinabilidad con otros. De ahí que este autor concluya que «todas las solidaridades son fenómenos clasemáticos» y que «los lexemas determinantes se corresponden siempre con clasemas». Desde el punto de vista sintagmático, el clasema, pues, se refiere a todas aquellas determinaciones o valencias semánticas que ponen de manifiesto las posibilidades combinatorias de los lexemas, con lo que lingüísticamente, en el marco de los hechos distribucionales, hemos de separar necesariamente estos tipos de valores condicionados por la sintagmática de la lengua o *contexto de lengua* (reflejado en regularidades de distribución que constituyen una paradigmática de reglas de comportamiento que se revelan sintagmáticamente) de aquellos otros más generales que se desprenden de los contextos verbales en los que, de forma lineal, se insertan las unidades léxicas.

6. Por todo ello, no podemos mantener la definición del *clasema* como sema genérico, además de por su confusión, vaguedad e imprecisión, al no clarificar la problemática delimitación entre este y el archilexema dentro de las unidades de la semántica, porque es poco caracterizadora para explicar este concepto, pues no siempre se comporta como tal rasgo genérico, sino que en muchos casos esta unidad funciona como rasgo distintivo, como sema específico que delimita e identifica funcionalmente signos homónimos distintos y determina contenidos léxicos en oposición, como es el caso de aquellos clasemas 'adlativo' / 'ablativo' y tantos

---

52. Véanse, no obstante, los argumentos que, frente a estas críticas, esgrime Coseriu (1995: 119-120) en defensa de su lexemática de las solidaridades. De cualquier forma, lo que no cabe duda es la productividad de esta clasificación, como ha quedado demostrada por Salvador (1989-1990: 339-365) en un trabajo en el que sistematiza, a partir de una distinción entre *solidaridades léxicas* y *solidaridades semánticas* (estas últimas, las «solidaridades solo de contenido», no estaban desarrolladas, sino simplemente identificadas, por el profesor de Tübingen en el artículo inaugural sobre el tema), numerosos ejemplos del español que contribuyen a clarificar este complejo dominio lexemático.

otros que funcionan como semas clasemáticamente determinados. En consecuencia, los clasemas son, por una parte, rasgos de valencia combinatoria y, por otra, poseen asimismo una función paradigmática, ya que, no solo sirven para fijar la clase de signos con los que los elementos léxicos se pueden combinar, sino también para establecer relaciones opositivas entre los miembros de esa clase. De este modo, se caracterizan por ser unidades que se determinan sintagmáticamente y funcionan sintagmática y paradigmáticamente.

Se trata, en suma, de unas unidades que ponen de manifiesto las relaciones de mutuo condicionamiento existentes entre estas dos dimensiones lingüísticas y el análisis del sintagmatismo al paradigmatismo o del paradigmatismo al sintagmatismo de los hechos semánticos. Así, en las solidaridades entre lexemas determinantes y lexemas determinados, los clasemas muestran una marca de combinatoria que genera un contenido sintagmático, valor que determina, a su vez, que paradigmáticamente, se opongan lexemas determinados entre sí. Esta caracterización semántica demuestra el punto de enlace entre lo sintagmático y lo paradigmático en el estudio funcional del significado, en el sentido de que las posibilidades de aplicabilidad combinatoria de los lexemas forman parte de su significado y configuran ese contenido léxico junto a sus otros rasgos de carácter paradigmático. De esta manera, se integra sistemáticamente el sintagmatismo de la lengua en el paradigmatismo propiamente dicho y se rechaza, de una vez por todas, aquella visión procedente de los primeros análisis componenciales del significado, que, al identificar erróneamente lo sintagmático con el habla, no consideraban la dimensión sintagmática de la lengua (los rasgos de combinatoria o valencias semánticas) en la configuración del contenido de los lexemas.

Capítulo 4

Problemas lingüísticos implicados en la equivalencia semántica[53]

4.1. Introducción

No cabe duda de que el problema de la existencia de equivalentes semánticos o sinónimos en las lenguas constituye «una de las cuestiones idiomáticas más debati-
das de la historia de la lingüística» (Trujillo 1996: 194; cf. García Hernández 1997a:
6-27). Aunque el interés por su examen tuvo su auge en los años sesenta con la ex-
pansión de los estudios semánticos, como tal problema teórico decayó algo a fina-
les de la década siguiente, si bien, por el contrario, no es una casualidad que este
tema «haya vuelto a recabar la atención de los lingüistas» (López García 1985: 9)
con la publicación de numerosos y relevantes trabajos[54].

En las conclusiones de nuestra monografía sobre las relaciones léxicas (1999a:
204-205; cf. también 2002a: 31-32), manifestábamos cómo este resurgimiento de

---

53. Publicado, bajo la edición de Milka Villayandre Llamazares, en las *Actas del V Congreso de Lingüística General (León, 5-8 de marzo de 2002)*, vol. I, Madrid: Arco/Libros, 2004, 41-69.

54. Sobre todo, su desarrollo ha tenido una incidencia especial en el marco de la lingüística española, fundamentalmente en relación con el problema teórico en torno a la existencia de la sinonimia
y la aceptación de casos de sinónimos absolutos en español por parte de Salvador (1985c) y Gutiérrez
Ordóñez (1989). En este ámbito, García Hernández (1997a y 1997b), además de trazar una trayectoria
histórica de la sinonimia, que permite conocer la evolución de la teoría y la práctica sinonímica, se po-
siciona también en defensa de su existencia innegable con una discusión de su naturaleza lingüística,
no como relación semántica, sino como relación onomasiológica, y Trujillo (1996), en sus fundamentos
semánticos del análisis lingüístico, discute en dos capítulos si existen o no signos o textos sinonímicos
con referencia al problema de la traducción, aspecto este que también ha sido tratado por López García
(1991b: 41-45) al establecer las relaciones de la sinonimia intralingüística y la elaboración de diccionarios de sinónimos con la sinonimia interlingüística como fundamento de la traducción y de los diccionarios bilingües. Un balance de los diferentes tipos de estudios llevados a cabo sobre las relaciones léxicas
en general y la sinonimia en particular puede verse en la introducción de nuestra monografía sobre el
tema (Casas Gómez 1999a: 2-4).

los estudios sobre las relaciones semánticas y, en concreto, sobre la sinonimia po-
día explicarse por razones como las interrelaciones mutuas que lo estrictamente
semántico guarda con los hechos estilísticos y pragmáticos, dadas las diversas implicaciones que este fenómeno adquiere en los niveles del significar y su especial
proyección pragmática en el ámbito de la lingüística textual; los análisis tanto de
variantes de expresión como de variantes de contenido en el marco de los recientes estudios acerca de los problemas generales sobre variación lingüística; los desarrollos teóricos de ciertas concepciones del signo que abren una nueva solución a
los hechos polisémicos y sinonímicos posibilitando la existencia de una semántica
funcional, o la relevancia que esta relación alcanza en la descripción de los hechos
de neutralización y en la necesaria reelaboración de las marcas y tipos de oposiciones semánticas, pero, principalmente, por la publicación de algunos trabajos[55] que
van más allá de la posibilidad virtual o potencial del sistema lingüístico de admitir teóricamente la sinonimia en cuanto variación o alternancia libre, al proclamar,
frente a la idea preconizada por la mayoría de los autores que muestran su acuerdo
con ese axioma generalizado de que no se encuentran equivalentes semánticos
exactos en las lenguas, la existencia misma de ejemplos de sinónimos absolutos
tanto en el sistema de la lengua como en el ámbito de la variación lingüística.

De esta manera, un problema tan actual como clásico vuelve a erigirse en cen-
tro de atención lingüística sobre todo por su diversidad de posturas, que responde,
en cierto sentido, a la imprecisión misma del término *sinonimia*, pues afirmar o negar la existencia de sinónimos depende, entre otros, de una serie de factores que
determinan, por una parte, un adecuado establecimiento de las relaciones sinonímicas y, por otra, la posible existencia de equivalentes semánticos en las lenguas.
De la exposición global, a modo de panorama genérico –ya que por razones obvias no podemos entrar en una explicación detallada de cada uno de ellos–, de los
problemas lingüísticos que subyacen a estos factores nos ocuparemos en el presente trabajo.

4.2. Concepción sobre el significado

El primer factor reside en la concepción sobre el significado. ¿Qué rasgos de contenido tenemos en cuenta? Los rasgos pertinentes, el significado en el plano de
la lengua, el significado puramente *lingüístico*, también denominado en la tradición semántica y en sus diferentes modelos lógicos, filosóficos, psicológicos y lingüísticos como significado *descriptivo, cognitivo, cognoscitivo, neutro, referencial,*

---

55. Como los ya citados en la nota anterior de Salvador (1985c: 51-66) y Gutiérrez Ordóñez (1989:
117-123). Una revisión de sus planteamientos puede verse en Casas Gómez (1999a: 142-150).

lógico, conceptual, ideacional, objetivo, simbólico, denotativo, representativo, invariante, constante, etc., o el significado en el plano del habla (las llamadas connotaciones, los rasgos de carácter estilístico y pragmático), que también ha recibido diversas denominaciones: *significado emotivo, expresivo, afectivo, connotativo, evocativo, subjetivo, sintomático, signalético, asociativo, situativo, contextual, variante, ocasional, estilístico, pragmático, textual*, etc.

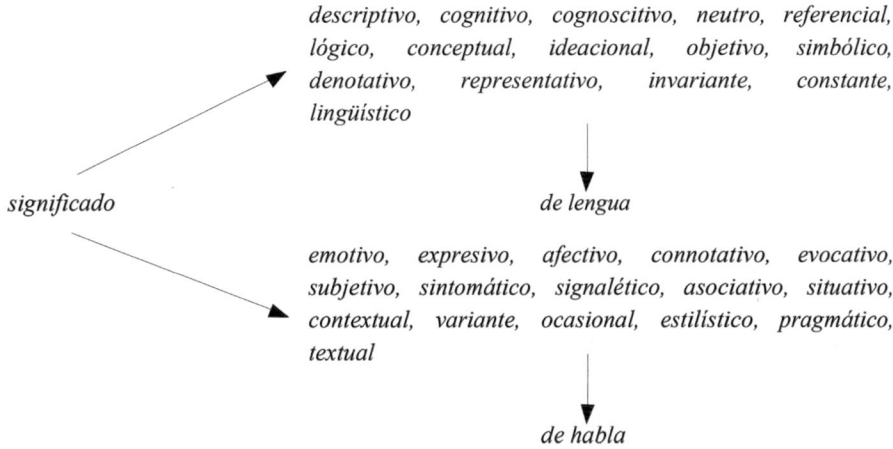

Esta enumeración terminológica acerca del significado, que subyace a la bifurcación tipológica entre una significación en el plano de la lengua y una significación en el plano del habla representada en el esquema, no está exenta de dificultades y problemas conceptuales:

1) en esta tradicional distinción convergen las clásicas funciones del lenguaje[56] o triple función representada en el significado: objetiva (simbólica), expresiva (sintomática) y evocativa (señal), como ha puesto de manifiesto una etapa de la semántica fundamental del siglo XX, la semántica «tradicional», que destaca en el significado esta triple función y

---

56. Dado el prolijo y confuso repertorio de denominaciones utilizadas para designar tales funciones (cf. Salvador 1985b: 127-128), desde un punto de vista terminológico-conceptual, lo deseable es seguir los términos originarios que configuraron el esquema del modelo estructural (Organon-Modell) del lenguaje de Bühler (*Darstellung* «representación», *Kundgabe* «manifestación» y *Auslösung* «repercusión o provocación»), tal como fue formulado completamente por primera vez por este autor en su artículo teórico sobre la frase «Kritische Musterung der neueren Theorien des Satzes», *Indogermanisches Jahrbuch,* 1918, que comienza con la afirmación de que estos tres conceptos semánticos o referencias de sentido constituyen la triple función del lenguaje humano. Será más tarde, como comenta explícitamente en el primer capítulo de su *Sprachtheorie* (1934), cuando prefiera sustituir –por razones de homogeneidad y mayor precisión y adecuación a los hechos lingüísticos referidos por tales conceptos– los dos últimos (*manifestación* y *repercusión*) por los de *expresión* y *apelación*, respectivamente.

distingue en qué plano comunicativo consideramos determinados problemas semánticos: si solo en el onomasiológico o conceptual o también en el semasiológico o interpretativo (que comprende todo un campo de significaciones incluidos los hechos de variación)[57];

2)   están representados los acercamientos al problema del significado tanto desde los planteamientos teórico-metodológicos de una *semántica intensional* (óptica que fue seguida no solo por lingüistas sino también por algunos lógicos)[58] como, sobre todo, desde una *semántica extensional* (perspectiva en la que se inscriben lógicos, filósofos, psicólogos e incluso algunos lingüistas)[59], que se hace patente en la utilización de los términos *cognitivo, cognoscitivo, referencial, lógico, ideacional* o *conceptual*;

3)   se observa la no distinción entre *significado* y *concepto* (*significado conceptual*), términos identificados a lo largo de la historia de la lingüística (usados indistintamente como sinónimos) y que fueron delimitados en la semántica gracias sobre todo a la aportación de Heger (1974: 1-32) con la remodelación que en su trapecio hace del triángulo metodológico;

4)   se aprecia la mezcla y confusión de los aspectos que constituyen los niveles del significar o tipos de «contenido» del lenguaje (cf. 9.), concretamente entre el significado, la denotación o la referencia (*denotativo* o *referencial*) y, especialmente, entre significado y sentido, habitualmente usados como equivalentes en los estudios semánticos, incluso actuales, a pesar de su clara diferenciación como estratos distintos de contenido y su relevante aplicación para delimitar disciplinas lingüísticas como la semántica y la pragmática;

---

57. Así, aplican, por ejemplo, tales presupuestos a la relación de sinonimia, la cual, para estos autores, puede darse en el plano conceptual, pero se hace relativa en el plano interpretativo (cf., fundamentalmente, Baldinger 1968: 41-61 y 1977: 211-250). Para una valoración crítica, desde la perspectiva de la lingüística actual, de las aportaciones del lingüista suizo, en especial, a la semántica, pero también a otras disciplinas lingüísticas, como la historiografía lingüística, la filosofía, la estilística, la terminología o la variación, cf. Casas Gómez (2021b: 59-105).

58. Es el caso de Carnap (1966: 109 y 112), que, en la tesis principal de su artículo acerca de la significación y la sinonimia en las lenguas naturales, defiende como procedimiento científico, junto al análisis de la extensión, la posibilidad metodológica de una *semántica intensional*, método semántico que, no obstante, ya había sido postulado por este autor en su obra anterior *Meaning and necessity* (1947). Una exposición de las líneas generales de su concepción puede verse en Casas Gómez (2002b).

59. En este marco se inserta el lingüista alemán Brekle (1974: 25-30), que se basa fundamentalmente en el concepto de «regla semántica» postulado desde la semiótica por Morris (1985 [1938]: 57-58) con una visión del signo vinculada estrechamente a las condiciones que posibilitan el acto de comunicación. Para un desarrollo de su punto de vista, véanse las objeciones expuestas por Gutiérrez Ordóñez (1981a: 122-123), críticas que compartimos plenamente (cf. Casas Gómez 2002b).

5) se evidencia la falta de delimitación de objetos, unidades y rasgos pertenecientes a disciplinas diversas como la semántica, la estilística, la pragmática o la lingüística del texto, y, por último,

6) proliferan los problemas de la terminología lingüística, concretamente la
notable existencia de *sinonimia terminológica* y de acepciones *polisémicas* que producen *ambigüedades* a distintos niveles de metalengua, como
ocurre con *denotativo*, opuesto a *connotativo*[60] desde los estudios lógico-
filosóficos de Mill (1843) y oposición terminológica generalizada en la
lingüística desde el uso de *connotación*, en cuanto valor suplementario
inestable del significado[61] por parte de Bloomfield (1933: 151-157) o las
indicaciones sobre semiótica connotativa y los connotadores de Hjelmslev (1974: 160-173) y posteriores estudios semiológicos (cf. Barthes 1971:
91-95), pero identificado también lo *denotativo* entre lingüistas[62], lógicos
y filósofos con lo *designativo* y *referencial* (denotación, designación o referencia de los signos).

En este punto, hemos de relegar necesariamente como hechos no pertinentes
en lengua las connotaciones o rasgos de carácter estilístico ligados a los signos lingüísticos, pues, si consideramos las connotaciones o las asociaciones extralingüísticas, podemos ya afirmar que no hay sinónimos absolutos, dado que todo este
tipo de rasgos depende de los hablantes de una comunidad y varían sustancial-
mente de un individuo a otro. En este sentido, dejamos constancia de que una cosa

---

60. Para una descripción de los distintos usos lingüísticos y no lingüísticos de esta pareja terminológica, consúltese el cap. 1 de nuestro documento monográfico (2002b) acerca de los niveles del significar.

61. En el capítulo noveno de su *Language*, dedicado al significado, Bloomfield (1933: 139-157)
distingue entre significados *primarios, constantes* o *estables, normales* o *centrales* frente a *variables* o
marginales (*metafóricos* o *transferidos*). En este sentido, como aspecto relevante de la inestabilidad del
significado, destaca tres tipos de connotaciones: 1) los valores suplementarios que dependen de diferencias variacionistas (formas diastráticas, diatópicas, arcaicas, técnicas, extranjeras o jergales); 2) las
variedades que responden a una motivación por tabú, y 3) las connotaciones de grado intensivo provo-
cadas por exclamaciones e interjecciones, formas simbólicas, imitativas u onomatopéyicas, formas del
lenguaje infantil y apodos o hipocorísticos. Sobre el concepto de connotación en este autor, véanse las
observaciones de Molino (1971: 9-12), Kerbrat-Orecchioni (1977: 6, 11-14 y 105), Garza Cuarón (1978:
168-176), Gutiérrez Ordóñez (1981a: 136-137 y 1989: 73-74) y Jiménez Ruiz (1994: 148-149).

62. Aunque en el campo designativo debe hacerse una distinción esencial entre designación propiamente dicha de un signo y su denotación o referencia en un enunciado, con frecuencia se producen equivalencias terminológicas, a menudo problemáticas, entre diversos autores. Así, la *denotación*
de Lyons (1977, I: 174-229) se corresponde conceptualmente con la *designación potencial* o *de lengua* de
Coseriu (1955-56: 35-36 y 1977a: 131-132), diferenciada esta última de la *designación real* o *denotación*,
coincidente con la noción de *referencia* en la teoría del lingüista inglés. Una explicación de tales correspondencias terminológico-conceptuales puede verse en Penadés Martínez (1993: 263, n. 14) y, sobre
todo, Casas Gómez (1995b: 101-112, 2001b: 17-28 y 2002b).

es la semántica y otra distinta la estilística y la pragmática o, dicho de otra manera, hemos de diferenciar entre una semántica de la lengua y una semántica del hablar. Y el significado es el objeto de estudio de la semántica estrictamente interna (la de la lengua), en tanto el sentido y la referencia constituyen los centros de atención de la semántica del hablar, en la que se insertan, entre otras disciplinas, la estilística y la pragmática.

4.3. El problema de la polisemia

El segundo factor tiene que ver con la tradicional introducción del *fenómeno polisémico* en el problema de la sinonimia. En este sentido, la *polisemia* ha constituido la causa principal de la no existencia de sinónimos perfectos[63]. Desde este punto de vista, la relación sinonímica se ha establecido entre *signos enteros* o entre un *signo* y un *significado* de otro *signo*, lo que nos llevaba a planteamientos incorrectos del problema, al preguntar, por ejemplo, si son sinónimos *doctor* y *médico* o *alquilar* y *arrendar*. Decimos que semánticamente este enfoque es inadecuado porque la semántica debe partir necesariamente, como criterio metodológico fundamental y en sentido antagónico a la fonología, del punto de vista del *significado*, no del significante, perspectiva esta última que, sin embargo, ha sido seguida por la tradición semántica e incluso continuada por tendencias actuales de la disciplina. Los resultados de una semántica del significante, no solo son diametralmente opuestos a los que se llega con una semántica del significado, sino que son poco operativos, al no dar una respuesta satisfactoria a los problemas semánticos, a sus relaciones y, de forma especial, a los hechos de polisemia y sinonimia.

De ahí que propongamos una semántica que parta de su objeto de estudio y este no es otro que el significado lingüístico de sus unidades constitutivas. Por tanto, en el caso de las relaciones sinonímicas, estas no se establecen entre signos sino entre *significados de signos*. Para ello, hemos de resolver primero la polisemia y abordar funcionalmente después los sinónimos como significados de signos y preguntar en este sentido si el *significado del signo X* (*doctor1*) mantiene relación de sinonimia con el *significado del signo Y* (*médico*), dado que la sinonimia ya no se concibe entre palabras o términos, sino entre significados de signos (entre «dar en alquiler» y «dar en arriendo» o «tomar en alquiler» y «tomar en arriendo»).

---

63. La pluralidad significativa o presencia del campo de significaciones de los respectivos significantes, dado que «practically all words have more than one meaning» (Alston 1964: 44), ha constituido, en efecto, el factor de diferenciación sinonímica que, con mayor asiduidad, se ha argumentado tradicionalmente para afirmar como principio la inexistencia de equivalentes semánticos exactos.

4.4. Concepción sobre el signo

De las consideraciones expuestas se desprende, como siguiente factor relacionado estrechamente con el precedente, el ulterior desarrollo teórico de una *concepción del signo* que supone una extensión del *significante* y una diferenciación de este con la *expresión* de datos fónicos, y la aplicación de esta perspectiva metodológica a las relaciones de polisemia y sinonimia, con lo que se intenta resolver el problema homonímico, en el sentido de que en tales casos nos encontramos ante una única expresión y distintos significantes que determinan los significados de diferentes signos. Tal concepción teórica, preconizada por Trujillo (1976: esp. 57, 161 y 240) –si bien, en los presupuestos gramaticales de Hjelmslev (1976: 123), este autor integraba una imagen gramatical junto a una imagen fónica en el significante y la idea estaba ya latente en determinados planteamientos, como el llamado *principio de la diferenciación*[64], de la semántica alemana neohumboldtiana (cf. Casas Gómez 1998b: 169-176, esp. n. 35)–, se basa, pues, en una no identificación entre significante y expresión (*significante ≠ expresión*), ya que el significante es más extenso que la expresión fonológica: abarca, además de la pura expresión fónica, todo un conjunto de factores que delimitan significados (*significante = expresión + factores que delimitan significados*), esto es, formará parte del significante cualquier marca que sirva para determinar la existencia de significados distintos y, por ende, signos distintos. Esta teoría ha sido elaborada posteriormente por Rojo (1979: 113-118 y 1983: 17-18, 31 y 84-89) en el campo de la sintaxis funcional y, principalmente, en el marco de la semántica funcional, por Gutiérrez Ordóñez (1980: 73-98, 1981a: 73-85, 1989: 43-56 y 1992: 102-107) y por nuestro grupo de investigación (cf. nn. 94 y 107 del cap. 6) en el sentido, sobre todo, de completar este conjunto de reglas semánticas que forman parte de este nuevo concepto de significante, reglas que pueden ser clasificadas atendiendo a la naturaleza de los criterios manejados en esta determinación de los significados de palabras polisémicas para resolver el establecimiento de relaciones sinonímicas, basados en aspectos *morfológicos* (pertenencia a categorías gramaticales distintas, diferente género, diferente número, diferente variabilidad genérica, diferente variabilidad numérica), *léxicos* (pertenencia a paradigmas semánticos diferentes, relaciones sinonímicas con signos

---

64. Se trata de uno de los rasgos esenciales que Kandler (1959: 263), en su contribución al homenaje a Weisgerber, establece como objeción fundamental a la investigación del campo lingüístico, en una línea de concepción muy actual del problema de la polisemia, ya que este *principio de la diferenciación* supone el hecho de que cada palabra pertenezca a un campo y solo a uno, la eliminación de la ambigüedad de las palabras y la consideración, en consecuencia, de los homónimos interpretados como signos diferentes pertenecientes a campos distintos, tal es el caso en alemán de *Bank* 'zum Sitzen' y *Bank* 'Geldinstitut'.

diferentes, relaciones antonímicas con signos distintos, neutralización con signos diferentes y en hiperónimos distintos, existencia de signos derivados diferentes), *sintáctico-semánticos* (determinación de esquemas sintáctico-semánticos distintos, diferencia de posición sintáctica, relación sintagmática con signos diferentes) y *sociolingüísticos* (frecuencia de uso, disponibilidad léxica y competencia lingüística generalizada).

La principal consecuencia de estos dos últimos factores analizados (*polisemia y concepción del signo*) es que no solo se posibilita la existencia de una semántica funcional, mediante el intento de solucionar el fenómeno polisémico y restaurar, de este modo, la simetría del signo (al menos desde el significante), sino que se abre una nueva solución a los hechos sinonímicos –cuyos casos se resolvían generalmente mediante la negación de la premisa mayor de su existencia– con el establecimiento de relaciones *entre significados de signos, no entre signos o expresiones*, perspectiva esta última que había sido la adoptada por aquellos autores que introducían el factor polisémico en el proceso sinonímico y consideraban que la polisemia o campo de significaciones de los signos era el motivo principal de que no existieran sinónimos absolutos.

4.5. La variación lingüística

Un factor fundamental en este tema es la consideración de la *variación* lingüística y si la insertamos en el establecimiento de las relaciones sinonímicas o solo consideramos el sistema de la lengua. Tras diversas revisiones teóricas realizadas a las distintas cuestiones que configuran el extenso campo de la variación lingüística, como la demarcación y el nivel de análisis lingüístico de los diferentes aspectos que recubren las nociones de *diatopía, diastratía* y, sobre todo, *diafasía* (cf. Casas Gómez 1993b: 99-123 y 1997a: 173-189), las diversas posturas existentes sobre la variación, el estudio, en concreto, de la variación semántica del léxico, fundamentalmente en el terreno de las relaciones sinonímicas, con una descripción de los criterios variacionistas utilizados por diferentes autores en sus diferenciaciones sinonímicas (cf. Casas Gómez 1997e: 217-225) y el intento de clasificación de la tipología variacionista, que no puede reducirse en modo alguno a estas clásicas dimensiones, sino que comprende muchas más distinciones, diferentes subtipos y toda una serie de casos intermedios (cf. Casas Gómez 2003a y 2006c), defendemos la posibilidad, con la aplicación de criterios y métodos sociolingüísticos, de integrar paulatinamente la variación en el sistema. Así, como vimos entre los criterios citados en el apartado anterior, dependiendo de la *frecuencia* de uso, que puede llevarnos a determinar el conocimiento o competencia lingüística generalizada de los hablantes de una comunidad (cf. Coseriu 1992), de las variantes polisémicas o sinonímicas, puede producirse una gradación, un progresivo movimiento de lo diasistemático a lo sistemático, en el sentido de que cualquier tipo de variantes, por ejemplo, de carácter diastrático o diafásico, puede pasar a formar parte del sistema de la lengua. De este modo, en el terreno de la variación sinonímica, hemos de determinar, en primer lugar, qué unidades funcionan como auténticas variantes diasistemáticas y qué variables, en cambio, se han incorporado –o se están incorporando gradualmente– por su función comunicativa al sistema, es decir, cuáles han dejado de ser, por su frecuencia, disponibilidad y generalidad en el uso, unidades restringidas exclusivamente al marco de una variación lingüística determinada y cuáles se limitan, por el momento, a un ámbito especializado conservando su naturaleza diasistemática. En segundo lugar, qué rasgos diastráticos, diastrático-diafásicos, diafásico-diastráticos, diafásicos (en cuanto variantes de estilo o en cuanto variantes estilísticas), etc., esto es, en principio, normativos o pragmáticos, han llegado a convertirse en idiomáticos funcionando comunicativamente en el sistema de la lengua y cuáles limitan su actuación a la norma o al acto discursivo, con lo que podremos determinar, desde la variación, su pertinencia o no lingüística[65].

Dado que la *semántica léxica actual* se diferencia, precisamente de la *lexicología clásica*, por la adición de nuevos contenidos a los tradicionalmente estudiados, como el extenso campo de la *formación de palabras*, las bases semánticas y fundamentos epistemológicos de la *terminología* y, de forma especial, la diversidad de aspectos que recubre la *variación lingüística* desde el punto de vista semántico, nos situamos, en lo que atañe a esta última incorporación de la variación en el marco de la semántica léxica, en una línea de investigación que interrelaciona una disciplina interna (la semántica) con los aires nuevos que le aporta la sociolingüística, inserción de lo sociolingüístico que es básica para comprender el concepto de *función* que hemos descrito desde el punto de vista comunicativo. Se trata, por consiguiente, de una nueva orientación de la semántica con una aplicación de aspectos, técnicas y métodos sociolingüísticos, que sirven, en última instancia, para corroborar en la práctica algunos de los planteamientos teóricos de la semántica y aportar, en consecuencia, nuevas soluciones al tratamiento de los fenómenos semánticos[66]. De esta manera, la sociolingüística no solo tiene sentido en sí misma y por sí misma a través de su estatus científico y, sobre todo, de sus resultados prácticos y aplicados, sino al servicio de otras disciplinas que contienen los problemas centrales de la lingüística, como ocurre con la semántica o la sintaxis.

---

65. Para una mayor explicación de este procedimiento de análisis de la variación al sistema, cf. Casas Gómez (1999a: 205-210).

66. En este marco de análisis, véase la propuesta de delimitación de variantes en el nivel léxico llevada a cabo por Escoriza Morera (2002 y 2003).

4.6. Concepción de sinonimia: identidad o similitud semánticas

Otro factor esencial en la consideración del fenómeno y que ha contribuido decisivamente a la ambigüedad misma del término *sinonimia* ha sido qué se entiende conceptualmente por esta relación semántica: una absoluta *identidad* semántica o una simple *equivalencia* o *similitud* significativa, hecho este que se enmarca en la enorme confusión existente en el ámbito de aquellos procesos que conciernen a determinadas relaciones designativo-significativas entre signos. En particular, toda la amplia diversidad de posturas sobre el tema de la sinonimia responde, en cierto sentido, a que el vocablo es bastante impreciso, pues «dependiendo del punto de partida que se adopte, dependiendo de cómo interpretemos este concepto, los resultados a los que se llegue serán diferentes» (Vázquez Veiga 1995-96: 134). La causa principal que ha originado tal confusión lingüística estriba en que se partía de un axioma generalizado, cual era la no *identidad total, absoluta, exacta* o *perfecta* (con todos estos adjetivos se la ha calificado a la sinonimia) entre dos o más signos desde el punto de vista de su contenido semántico o, lo que es lo mismo, la no existencia en semántica de variantes libres. Por este motivo, se ha concebido ambiguamente la sinonimia, de forma casi unánime en la terminología especializada, como una semejanza de contenido entre signos o identidad significativa de estos solo en ciertos contextos, lo que explica, hasta cierto punto, que la sinonimia –entendida vagamente como mera noción de equivalencia semántica y no de identidad de contenido–, la parasinonimia[67], la hiperonimia-hiponimia e, incluso, la antonimia (basada asimismo en una afinidad) sean relaciones semánticas históricamente confundidas tanto en trabajos teóricos como, sobre todo, prácticos (confróntense como prueba los llamados diccionarios de sinónimos y antónimos), pero claramente diferenciadas. Las confusiones más asiduas y generalizadas son, sin duda, las que se entablan entre sinónimos, parasinónimos e hipónimos y, por ello, las distinciones conceptuales que han de realizarse lingüísticamente en este ámbito hacen referencia en concreto a alguno de estos tres aspectos semánticos. Así, para la simple afinidad o similitud semántica sería preferible emplear, según los casos, los términos de *parasinonimia* o *hiponimia*, conceptos que deben ser asimismo netamente diferenciados de acuerdo con el marcado carácter específico que supone el tipo de relación hiponímica, la distinta naturaleza de las oposiciones léxicas (equipolentes/privativas) que ambas clases de signos entablan y el hecho de que estas puedan o no (como ocurre con la equipolencia de los parasinónimos) neutralizarse, tal como se expone en el siguiente esquema gráfico:

---

67. Para un panorama historiográfico de la parasinonimia en el ámbito de la sinonimia, su estatus lingüístico y delimitación conceptual y terminológica, así como su caracterización en el marco de las relaciones léxicas, cf. Rodríguez-Piñero Alcalá (2002, 2003 y 2007).

PARASINONIMIA	*HIPERONIMIA/HIPONIMIA*
1) Identidad, por lo general, del referente	1) Similitud, por lo general, del referente (componentes de una clase de objetos)
2) Equivalencia semántica	2) Inclusión semántica
3) Oposición equipolente (+/+) *pez / pescado* *hospital /clínica* *tomo / volumen* *eficiente/ eficaz*	3) Oposición privativa (0/+) *pelo / cabello* *tomar / beber* *piel / cutis* *caballo / jamelgo*
4) *Neutralización	4) Neutralización

y reservar, en cambio, el de *sinonimia* para aquellos casos en los que se dé realmente esta posibilidad en la lengua, es decir, cuando se perciba estrictamente una identidad entre los significados de dos o más signos. En resumen, hemos de defender una estricta concepción de la sinonimia como *identidad*, por supuesto absoluta, entre significados de signos y no en el sentido laxo de *similitud* semántica, como, por lo general, se ha concebido, incluso actualmente, este fenómeno, lo que nos llevaba a una total imprecisión de este término lingüístico y, muy especialmente, a su confusión con otras relaciones semánticas. Por esta otra vía, sin embargo, podemos llegar a la delimitación teórica y práctica de la sinonimia con las relaciones con las que habitualmente se identifica, como la parasinonimia y, sobre todo, la hiperonimia-hiponimia, las cuales, como se ha visto, presentan igualmente características lingüísticas diferenciales.

4.7. Las dimensiones lingüísticas

Los signos lingüísticos no pueden concebirse en el sistema de una lengua sino insertos en unas condiciones de orden sintagmático y paradigmático y, por tanto, no tienen existencia semántica fuera de estos dos tipos de relaciones. No obstante, debido inicialmente a una errónea adscripción de los conceptos paradigmático/sintagmático a la dicotomía lengua/habla, respectivamente, en una primera etapa de la semántica moderna de corte estructuralista (prácticamente casi toda la semántica componencial) lo sistemático se limitaba al plano paradigmático de la lengua, concibiéndose lo sintagmático como perteneciente al habla, cuando tanto los rasgos de carácter paradigmático como las posibilidades de aplicabilidad combinatoria de los signos forman parte de su significado y configuran su contenido lingüístico.

Este tipo de análisis lingüístico, restrictivamente paradigmático, ha caracterizado igualmente a muchos estudios sinonímicos. Baste recordar cómo ciertos autores (cf. Rodríguez Adrados 1974b) no encontraban, por ejemplo, rasgos pertinentes de diferenciación paradigmática entre *viejo* y *anciano* y basaban sus diferencias en valores estilísticos (connotación de desprecio y respeto, respectivamente), llegando incluso a catalogar esta pareja dentro de las *oposiciones distintivas*, que se caracterizan por el hecho de que ambos elementos pueden neutralizar indistintamente sus diferencias connotativas[68]. En esta interpretación de los hechos, cabe observar, no solo la inadecuada aplicación de los conceptos de «oposición» y «neutralización» al ámbito de los rasgos connotativos o estilísticos, sino, lo que es más interesante para nuestros objetivos, que estos autores olvidan que las diferencias entre ambos signos léxicos deben buscarse en rasgos clasemáticos de carácter combinatorio, pues *anciano* solo admite el clasema 'persona', mientras que *viejo* posee un clasema más amplio, aplicándose tanto a 'personas' como a 'objetos o cosas': *mesa vieja*, **mesa anciana*; *pianista anciano* o *pianista viejo*, pero no un *piano anciano* (cf. Lodares 1988: 42-43).

Un ejemplo que pone de manifiesto las relaciones de mutuo condicionamiento existentes entre estas dos dimensiones lingüísticas y el análisis del sintagmatismo al paradigmatismo o viceversa es el caso de las formas léxicas *eficiente/ eficaz*, que constituyen una misma sustancia de contenido en la que podemos distinguir entre *hombre eficaz* y *hombre eficiente*, pero no entre *hierba eficaz* y **hierba eficiente*. Tales adjetivos, aun pudiendo tener la misma designación, no poseen el mismo significado, hecho este que se comprueba en su doble relación paradigmática y sintagmática, ya que *eficiente* indica una 'aptitud', 'capacidad' o 'competencia' y, por tanto, se aplica a personas u organismos, instituciones y organizaciones dirigidas por personas (*una organización eficiente*, *un profesor eficiente*, etc.), mientras que *eficaz* se refiere a la 'producción de un efecto', 'prestación cumplida de un servicio' o 'resultado que se desea' (*una enseñanza eficaz*, *un remedio eficaz*, etc.) y se aplica más a cosas (aquí radica su diferencia combinatoria con *eficiente*), aunque también a personas (de ahí que podamos decir de alguien que es *eficiente*, pero no *eficaz*). Sus diferentes rasgos semánticos desde el punto de vista paradigmático

---

68. «En el caso de los sinónimos se procede igualmente, pero con frecuencia hay un sentimiento mucho más fuerte de la identidad de la referencia. A una misma persona se la llama alternativamente *viejo* y *anciano*: la diferencia es una connotación de respeto en el segundo término y de desprecio en el primero, pero esta falta con frecuencia y también puede faltar la primera. En estos casos no se piensa si el referente merece respeto o no, la oposición queda neutralizada» (Rodríguez Adrados 1974b: 511).

y su distinto comportamiento clasemático, reflejado sintagmáticamente en todos los contextos de lengua posibles en que aparecen ambos elementos, permiten el establecimiento de una oposición *equipolente*, que, en el ámbito de las relaciones «sinonímicas», viene representada, como estamos viendo, por una *parasinonimia* entre estos dos adjetivos.

Si tan relevante es el plano paradigmático como el sintagmático en el análisis del significado (cf. Muñoz Núñez 1999b: 317-323 y Casas Gómez 2001a: 277-291), ello implica, por consiguiente, que hemos de considerar ambas dimensiones lingüísticas en el estudio de la sinonimia, ya que serán equivalentes exactos solo aquellos signos que posean un mismo valor paradigmático (idénticos rasgos pertinentes desde este orden) y tengan la misma combinatoria en todos los contextos posibles, es decir, que puedan sustituirse o conmutarse en cualquier tipo de contexto (la conocida prueba del contexto o método de la sustitución contextual ampliamente utilizada en la lingüística americana; cf. Hockett 1958: 130-131). Solo existirá, pues, identidad semántica cuando dos o más unidades tengan exactamente el mismo significado tanto desde el punto de vista paradigmático (mismas relaciones opositivas con los demás elementos de su sistema semántico), como desde el punto de vista sintagmático (misma distribución combinatoria y alternancia libre en todos los contextos posibles)[69].

4.8. El principio de la neutralización

La relación de sinonimia ha alcanzado una particular relevancia en el análisis y descripción de los hechos de neutralización, si bien hemos de reflexionar acerca de la consideración de estos casos en el establecimiento de estas relaciones.

Son muchos los autores que han vinculado o, lo que es peor, han explicado o definido la sinonimia a través de este principio funcional, que, como sabemos, tiene una manifestación discursiva (aunque su producción se deba a una posibilidad sistemática), propia de una lingüística del hablar (cf. Casas Gómez 1997d: 37-50, esp. 42-44 y cap. 2). En este sentido se muestran aquellos tratadistas que apuntan la existencia de una sinonimia solo en el plano del discurso y, relacionando directa o indirectamente la sinonimia con la «neutralización», descubren, como consecuencia resultante de la aplicación de este fenómeno, sinónimos perfectos solo mediante

---

69. En esta línea, véanse las conclusiones de nuestro estudio (2001a: esp. 288), incluido como capítulo 3 en este volumen, sobre el concepto de «clasema», una unidad semántica que pone de manifiesto claramente las relaciones mutuas de esta doble dimensión (paradigmática y sintagmática) en el análisis de los hechos semánticos.

los datos del acto de habla. Entre otras propuestas en esta línea, podemos mencionar, como más representativas, las posiciones de Gauger, Lyons y Coseriu.

El lingüista alemán (Gauger 1961: 149 y ss., 1970: 147-160 y 1972) entiende como sinónimos los signos que poseen un significado semejante y como *sinonimidad* la relación especial de similitud y diversidad existente entre los significados de estos. En el marco de esta concepción, de dimensión y validez casi generalizada, que ya se ha criticado en el punto 6 por el peligro que se corre de identificar la sinonimia con otras relaciones léxicas, este autor señala cómo una «sinonimidad perfecta», aunque inexistente en el sistema de la lengua, puede producirse en el habla, de modo que es posible afirmar que no hay signos sinónimos, pero sí *contextos sinonímicos*. La existencia no de sinónimos sino de tales contextos, sinonímicos y no sinonímicos, de los que proporciona casi un centenar en diversas lenguas, se comprueba, en efecto, fácilmente. Así, *He alquilado un piso en León* y *He arrendado un piso en León* son contextos tan ambiguos como sinonímicos, lo que no implica que los significados de *alquilar* y *arrendar* sean idénticos, pues en otros muchos contextos tales elementos no pueden sustituirse mutuamente (*He alquilado un frac o los servicios de una persona* / **He arrendado un frac o los servicios de una persona*).

En cuanto al lingüista inglés (Lyons 1967: esp. 74-80, 1968: 446-453, 1977, I: 270-335, 1981a: 50-55 y 91-97 y 1981b: 148-151), este sostiene que, «más que cualquier otra relación de sentido» (1975: 464), la sinonimia es *dependiente principalmente del contexto*, cuyos casos se producen por lo general como consecuencia de una relación hiponímica[70], motivada por: 1) la referencia situacional del término hiperónimo, como ocurre en pares léxicos como *get* / *buy* en expresiones del tipo *I'll go to the shop and get some bread* o *dog* / *bitch* en *My dog has just had pups*, donde el contexto sintagmático y situacional permite dar a las unidades hiperónimas un sentido más restrictivo, supliendo, en definitiva, el contenido semántico intensional (propio de las unidades hiponímicas) que paradigmáticamente falta en uno de los datos léxicos y cuya circunstancia de ningún modo se produce por un fenómeno designativo o de equivalencia contextual desde el punto de vista de la referencia, tal como interpreta estos ejemplos Palmer (1981: 93), sino de neutralización léxica, como el propio Lyons afirma explícitamente[71] y 2) la

---

70. Este autor proclama a la hiponimia, en cuanto fenómeno de implicación unilateral que organiza jerárquicamente el léxico, como una relación paradigmática esencial junto con los diversos tipos de contrariedad de significado, definiéndola en vinculación estrecha a la sinonimia, a la que relega, desde su orientación formalista, al considerarla una relación no fundamental para la estructura léxica de una lengua.

71. «It frequently happens that the distinction between two lexical items is contextually neutralized. For instance, the difference between the marked term *bitch* and the unmarked term *dog* is neutralized in a context, like *My — has just had pups,* which determines the animal referred to as female» (Lyons 1968: 452).

modificación sintagmática del hiperónimo, como sucede con *piel de la cara* (*cutis*), *gobernante despótico* o *cruel* (*tirano*) o *pelo de la cabeza* (*cabello*), combinaciones que restringen los significados de los elementos genéricos equiparándolos a sus contenidos específicos.

Por lo que respecta al lingüista rumano, en otro lugar (cf. Casas Gómez 1997c: 99-106) hemos revisado críticamente la caracterización que establece de los «sinónimos» (en sentido laxo) como *elementos léxicos en oposición neutralizable*, cuya concepción no solo resulta, desde un punto de vista, demasiado estrecha y restringida (ya que elimina numerosos casos de «sinónimos», como los enmarcados en el ámbito de la variación sinonímica, y todos los parasinónimos que no pueden neutralizarse), sino, lo que es más significativo, se trata, desde otro punto de vista, de una definición vaga e imprecisa de la sinonimia, a la que llega a confundir con la hiperonimia-hiponimia, olvidando incluso que, además de los hiperónimos-hipónimos, también otras relaciones léxicas, como ciertos tipos de antónimos (muchos graduables o contrarios propiamente dichos y algunos complementarios), se han interpretado habitualmente como constitutivas de signos que pueden neutralizarse léxicamente, característica esta que, sin embargo, ha sido discutida e, incluso, puesta en tela de juicio por otros autores[72]. Y es que los «sinónimos» nunca son elementos léxicos neutralizables (no existen los «sinónimos» neutralizables)[73], sino, a lo sumo, el resultado de una neutralización entre hiperónimos-hipónimos (relación hiperonímica-hiponímica que deviene en sinonímica en determinados contextos), con lo que solo podría hablarse de «sinonimia» *a posteriori* y en el plano discursivo.

Así pues, por las confusiones que estas posiciones y otras semejantes provocan en la definición y caracterización de las genuinas relaciones léxicas, sobre todo

---

72. Una discusión de las dificultades de aplicación de este principio a las relaciones antonímicas, en especial a algunos de sus tipos, como los complementarios e inversos, puede encontrarse en Casas Gómez (1999a: esp. 108-112) y, sobre todo, Varo Varo (2002: 158-181 y 311-320), autora que, tras realizar una prueba en la que se interrogaba a un grupo homogéneo de hablantes acerca del uso de distintas expresiones que contenían tales unidades con valor «neutro», concluye que el fenómeno de la neutralización se manifiesta de forma muy distinta al que se produce en las oposiciones hiper-hiponímicas, al intervenir en aquél factores de naturaleza textual y cognitiva. En esta línea, considera que «no es nuestra competencia lingüística, sino nuestro sistema de conceptualización el que permite utilizar el término 'positivo' como 'relativo'. Es la marcabilidad pragmática la que justifica la preferencia por el miembro 'positivo' desde el punto de vista de la sustancia en los contextos 'no marcados'. Pese a todo, reconocemos la existencia de 'valores neutros absolutos' o 'relativos' en el uso de determinadas unidades léxicas pertenecientes a escalas de valoración, distintos a los valores generados en la neutralización de la hiperonimia-hiponimia» (p. 314).

73. Como ha advertido Varo Varo (2002: 311), «queda descartada la neutralización de sinónimos, pues si admitimos la sinonimia absoluta en tanto variación o alternancia libre en todos los contextos de los significados de dos signos, resulta imposible admitir la suspensión de oposición donde no existe tal oposición».

entre hiperónimos/hipónimos y sinónimos, haciendo derivar estos de aquellos, y por el plano lingüístico de aplicación del fenómeno (el del habla, no del sistema de la lengua), hemos de desestimar los casos de neutralización para resolver lingüísticamente el problema de la existencia de sinonimia o equivalencia semántica exacta en el léxico de las lenguas, pues, además, «si dos lexías están en oposición neutralizable es porque tienen algún rasgo que las diferencia y que ha quedado neutralizado, con lo cual ya no serían sinónimos en su sentido estricto» (Pastor Milán 1990: 175-176).

4.9. La sinonimia como virtualidad teórica y posibilidad de implicación designativo-significativa de los signos

La discusión histórica sobre la sinonimia se ha centrado fundamentalmente en la existencia o no de sinónimos en sentido estricto y en las distintas concepciones acerca de este problema semántico, en cuyas diversas posturas podemos establecer toda una gradación, desde los que no la admiten hasta los que sí, pasando por casos intermedios con todo tipo de reservas. En concreto, tales posiciones al respecto pueden reducirse, básicamente, a las siguientes: 1) la generalización como axioma, desde la tradición semántica hasta la lingüística actual, en particular hasta la primera mitad del siglo XX, de la no existencia de tales unidades léxicas; 2) la afirmación en la lingüística moderna de la segunda mitad del siglo XX de que existen tales elementos en el nivel del discurso; 3) la consideración, en esta misma línea, de aquellos autores que analizan la sinonimia en relación con los hechos de neutralización, apuntando que la utilización de este principio puede ser muy útil para resolver el problema; 4) la admisión, con reservas, sobre todo por parte de algunos autores relevantes de la semántica «tradicional», de su existencia, aunque advierten que los casos no abundan y son relativamente raros, y 5) la aseveración, por el contrario, de su existencia, sin reservas, por parte de algunos lingüistas actuales, sobre todo españoles, circunstancia esta que ha motivado, como ya se ha comentado en la introducción (cf. apartado 4.1), un auge en los estudios sobre relaciones léxicas y que, en particular, la sinonimia vuelva a convertirse en un tema de relevante interés en la investigación lingüística[74].

Pero, con independencia de que admitamos o no la sinonimia, de que se encuentren realmente, sean difíciles de encontrar o no se hallen casos de sinónimos,

---

74. Además de la cantidad de trabajos publicados en torno a la sinonimia (cf. n. 54), una prueba más del interés por la investigación sinonímica es la publicación de un número monográfico de *Langages* sobre el tema, compilado por Balibar-Mrabti (1997), al igual que años antes Mortureux (1990) hiciera lo propio en esta misma revista con la hiponimia y la hiperonimia.

consideramos que hemos de diferenciar entre *variación libre* (sinonimia) y *variantes libres* (sinónimos), es decir, entre el hecho virtual o potencial, en tanto posibilidad teórica, de que exista la sinonimia en cuanto variación libre y la existencia real de casos concretos de sinónimos o variantes libres en las lenguas.

La defensa de esta distinción se basa tanto en una razón práctica como teórica. Desde el primer punto de vista, hemos de pensar en la existencia, aunque efímera, de sinónimos, si bien la lengua dispone de una serie de mecanismos para deshacer cualquier estado de sinonimia, lo que explicaría la histórica «ley» de *repartición* (si no existieran sinónimos, no habría repartición de significado) que, junto a la *atracción* y *derivación* o *irradiación* sinonímicas, constituyen las principales leyes o asociaciones sinonímicas[75]. En cuanto al plano teórico, la sinonimia supone una posibilidad más de implicación designativo-significativa de los signos dentro del sistema, ámbito en el que pueden darse tres tipos de relaciones, tal como queda sistematizado en el presente esquema que explicaremos con más detalle en el siguiente apartado dedicado a los niveles del significar:

RELACIONES DESIGNATIVO-SIGNIFICATIVAS DE LOS SIGNOS

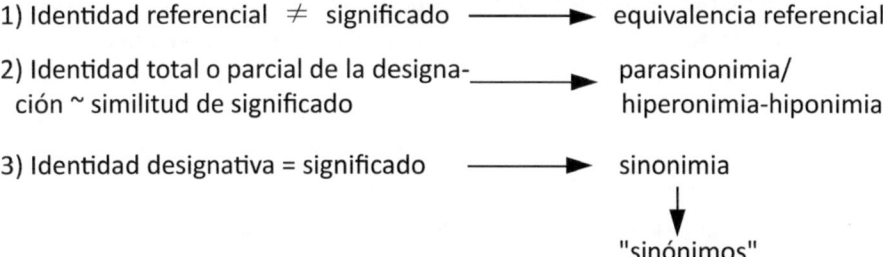

1) Identidad referencial ≠ significado ——————▶ equivalencia referencial

2) Identidad total o parcial de la designa-_____▶ parasinonimia/
ción ~ similitud de significado   hiperonimia-hiponimia

3) Identidad designativa = significado ——————▶ sinonimia
                                                    ▼
                                         "sinónimos"

En consecuencia, hemos de admitir, como posibilidad teórica virtual o potencial del sistema de la lengua, la sinonimia absoluta como *variación libre*, no solo en la terminología –campo en el que, desde distintos enfoques conceptuales o metodológicos, existe prácticamente acuerdo generalizado en la lingüística moderna (cf. Casas Gómez 1994c: 79-122, esp. 80-95)–, sino en el plano de las unidades significativas de la lengua común, si bien, para afirmar que existen realmente estas variantes libres en una lengua particular determinada, como han hecho algunos lingüistas, se requieran tanto en este como en otros dominios semánticos– comprobaciones empíricas que verifiquen y, a la vez, confirmen los distintos aspectos teóricos.

---

75. Para el desarrollo teórico y su explicación histórica con numerosos ejemplos en diversas lenguas de estas leyes y asociaciones sinonímicas, véase el cap. 1 de nuestra monografía (Casas Gómez 1999a: 12-38).

4.10. Los niveles del significar

En trabajos anteriores (cf. Casas Gómez 1995b: 101-112 y cap. 1 en este volumen, 2001b: 17-28 y 2002b), hemos distinguido entre *niveles del significar del sistema* y *niveles del significar del discurso*, desde el momento en que existe una *designación «de lengua»* o *designación potencial* de los *significados lingüísticos* y una *designación real* o *denotación* de los *sentidos referenciales*. De ahí que hayamos propuesto una clasificación de cuatro, y no solo tres (como habían establecido, aunque con desemejanzas entre ellos, los autores más representativos en este tema), niveles del significar: *designación* (potencial o de lengua), *significado*, *referencia* (designación real o denotación) y *sentido*, los dos primeros pertenecientes al sistema y a una lingüística de la lengua y los otros pertenecientes al discurso y a una lingüística del hablar.

En esta línea, podemos describir los diversos grados de relaciones designativas y significativas que presentan los signos léxicos en el interior de una misma lengua, en cuyo sistema podemos establecer diferentes implicaciones de estos tipos de «contenido» (cf. cap. 1) en el ámbito de las relaciones semánticas (véase el esquema del apartado anterior):

1) dos o más signos de un sistema pueden llegar a tener en un determinado contexto o situación pragmática una misma denotación o referencia (sinonimia o equivalencia referencial) y poseer, en cambio, un significado tan distinto que sus valores de contenido no guarden relación semántica alguna, ni paradigmática ni sintagmática (identidad referencial ≠ significado → equivalencia referencial);

2) dos signos pueden coincidir, aun totalmente, en la designación potencial o de lengua (misma clase de objetos) y no en la significación, al poseer significados lingüísticos distintos, aunque con notas semánticas semejantes (identidad total o parcial de la designación ~ similitud de significado → parasinonimia / hiperonimia-hiponimia), y

3) dos signos, al menos en un plano teórico, pueden coincidir tanto en la designación como en la significación, con una misma referencia a una clase de objetos y un idéntico significado lingüístico, es decir, elementos léxicos con posibilidades virtuales de sustitución en un mismo contexto, lo que nos conduce a aplicar, como hecho potencial, el concepto de variación libre a la semántica (identidad designativa = significado → sinonimia).

Partiendo de esta fundamentación teórica y la sistematización que ofrece para una diferenciación de las relaciones semánticas, podemos darnos cuenta de las repercusiones que los diferentes niveles del significar adquieren en el fenómeno sinonímico, ya que, cuando hablamos de sinonimia, hemos de dejar claro qué tipo de «contenido» estamos describiendo, lo que quiere decir que esta ha de definirse, de acuerdo con las implicaciones expuestas anteriormente, en relación con el estrato de significación en que nos movemos (si en una dimensión designativa, referencial, de significado o de sentido), esto es, si estamos ante una *sinonimia designativa*, una *sinonimia referencial*, una *sinonimia de sentido* o una verdadera *sinonimia de significado*, dado que una equivalencia designativa o referencial, o incluso estilística, no implica una equivalencia semántica o sinonimia lingüística[76]. De aquí se desprende igualmente la relevancia que la delimitación de estos niveles tiene en una pretendida teoría de la traducción, cuyo problema básico estriba en qué concepto de equivalencia manejamos, si se trata de una equivalencia semántica, estilística o referencial; en definitiva, qué tipos de contenido o niveles del significar describimos cuando hablamos de equivalentes o «sinónimos» interlingüísticos o intralingüísticos, qué es realmente lo traducible y lo no traducible, qué se traduce y qué componentes no se traducen (la discutida dicotomía traducibilidad e intraducibilidad de los signos) y de qué tipo de lingüística realizamos cuando nos enfrentamos al fenómeno de la traducción en toda su complejidad (cf. Casas Gómez 2021c).

4.11. Los niveles de análisis semántico

Los niveles del significar descritos en el apartado precedente se entroncan directamente con los niveles lingüísticos, desde el momento en que aquéllos constituyen uno de los fundamentos teóricos aplicables a cualquier plano del análisis semántico. Es por ello que resulte absolutamente esclarecedor en la lingüística actual la delimitación de estos conceptos, saber qué tipo de «contenido» se describe y en qué nivel lingüístico estamos situados, pues los procesos del lenguaje operan de forma distinta y tienen un diferente tratamiento de acuerdo con el nivel de análisis lingüístico.

En este sentido, hemos de aclarar si la actuación de la sinonimia se restringe al ámbito léxico o se sitúa en otros planos de análisis semántico, pues nada tiene que ver el planteamiento de este fenómeno y de las demás relaciones semánticas en el nivel de la palabra con el que podamos realizar, por ejemplo, desde la lingüística del texto, basada siempre en modelos de análisis referenciales. De este modo, mientras en semántica léxica debe hacerse un estudio de carácter significativo y

---

76. El hecho de que los diferentes niveles del significar configuran un aspecto central en la delimitación lingüística de la sinonimia y de otros procesos léxicos relacionados ha sido puesto de manifiesto por González Martínez (1988-89: 203-206) en un artículo en el que aplica la distinción clásica tripartita de tales «contenidos» a la sinonimia como problema metalingüístico, distinguiendo, respectivamente, tres dimensiones del fenómeno sinonímico: *sinonimia de significado*, *sinonimia designativa* y *sinonimia de sentido*.

solo secundariamente referencial, para el análisis del texto se precisa partir obligatoriamente de la denotación, tomando en consideración como punto de vista los referentes[77].

Podemos ejemplificar con las dos relaciones que conforman los dos universales semánticos más representativos de las lenguas y en los que convergen gran parte de los problemas de teoría del lenguaje y, en concreto, de los que atañen al contenido lingüístico: la *sinonimia* (genuina relación semántica, junto a la parasinonimia, hiperonimia / hiponimia y los diversos tipos de antonimia, al partir como estas del plano del significado) y la *polisemia* (que no constituye una auténtica relación semántica, pues parte no del contenido, sino de la expresión, del punto de vista del significante aislado)[78].

Y es que para responder a preguntas, tan clásicas como actuales, como si existen o no los sinónimos perfectos o sobre la existencia o no del fenómeno de la polisemia, hemos de tener muy presente si estamos inmersos en una lingüística del sistema o de la lengua, en algunos de los niveles estáticos o abstractos de la semántica, o en una lingüística del hablar o de la comunicación con todas sus manifestaciones pragmáticas y variacionistas. Así, si comparamos tales fenómenos semánticos (sinonimia y polisemia) a nivel léxico, por ejemplo, y a nivel textual, los resultados son absolutamente antagónicos, no solo por tratarse de procesos que conciernen, respectivamente, a una semántica desde el significado o de las formas de contenido en oposición a una semántica desde el significante o de las formas materiales, sino porque se trata de una aplicación metodológica a niveles semánticos distintos.

Por ello, la sinonimia o la exacta equivalencia semántica no es, en absoluto, un problema de la semántica textual, basada en modelos referenciales, sino de la semántica morfológica (relaciones sinonímicas entre significados morfemáticos), de la semántica del grupo de palabras (entre significados de esquemas sintáctico-semánticos suboracionales), de la semántica oracional (entre significados de esquemas sintáctico-semánticos oracionales) y, tradicionalmente, de la semántica léxica (entre significados de lexemas). Tal problema deja de existir en la semántica textual, al interesarse esta no por los significados estrictamente lingüísticos sino por los contenidos referenciales, lo que explica la proyección pragmática de la

---

77. Tales consideraciones epistemológicas aparecen descritas por Bernárdez (1982: 119-120), quien, en el apartado sobre relaciones semánticas entre lexemas de su lingüística del texto, afirma que «de los distintos modelos existentes para el estudio de las relaciones semánticas podría utilizarse, en principio, cualquiera dentro de la lingüística textual, siempre que el modelo sea de carácter referencial».

78. En nuestro artículo (1992: 134-158), en colaboración con Muñoz Núñez, se exponen los principios de la concepción que defendemos acerca del fenómeno polisémico u homonímico. Para un análisis lingüístico detallado de los problemas que caracterizan a la polisemia, véanse los trabajos específicos de Muñoz Núñez (1996a, 1996b: 89-127 y 1999a).

sinonimia en el ámbito de la lingüística textual, toda una dimensión de esta relación basada en conexiones designativas o referenciales (correferencias pragmáticas) entre los signos de una lengua.

Por su parte, la discusión sobre la polisemia como fenómeno o no del plano de la lengua no constituye tampoco un problema de la semántica textual, sino nuevamente de la semántica de otros niveles, en especial, de la semántica léxica. Desde la perspectiva de una lingüística sistemática, no solo la polisemia no es, como hemos explicado antes, una relación semántica, sino que no tiene existencia en cuanto tal, desde el momento en que no hay signos polisémicos, ni supuestas ambigüedades, en los sistemas lingüísticos, donde, mediante una nueva perspectiva funcional del signo basada en un concepto distinto de significante, más extenso que la expresión fonológica (cf. apartado 4.4), se intentan deshacer las palabras polisémicas a partir de unos factores o criterios de determinación semántica que sirven para identificar funcionalmente los significados con signos lingüísticos diferentes y, de esta manera, con la resolución de la polisemia, se restituye la concepción simétrica del signo, al menos desde el significante. Pero eso no quiere decir que la polisemia no exista en el lenguaje (nadie niega un fenómeno lingüístico tan evidente, tan necesario desde el punto de vista de la economía lingüística y tan universal como este). Es, por el contrario, un problema de las expresiones textuales, no de una lingüística del sistema. La polisemia u homonimia pertenece al plano textual como producto de la intención del hablante y genera a distintos niveles lingüísticos (de expresión fónica, morfológica, léxica, sintagmático-suboracional o sintagmático-oracional) pragmáticamente enunciados ambiguos. De ahí que la ambigüedad como fenómeno eventual se confunda habitualmente con la polisemia u homonimia como fenómeno constante e inherente al lenguaje, cuando en realidad aquélla no es más que un problema pragmático que actúa como consecuencia o resultado de la interpretación comunicativa de un fenómeno semántico polisémico u homonímico[79]. *Polisemia u homonimia* y *ambigüedad* se encuentran, pues, en la base de distinción entre semántica y pragmática, concretamente entre un problema lingüístico textual y pragmático, con lo que hemos dejado patente el hecho de que la delimitación de niveles semánticos de análisis constituye, por consiguiente, un factor primordial en el establecimiento de las «relaciones» semánticas, en especial de las «sinonímicas» y polisémicas u homonímicas.

---

79. Para un análisis de la ambigüedad como problema de interpretación pragmática, cf. Gutiérrez Ordóñez (1981a: 231-241, 1989: 137-142, 1992: 106-107 y, en especial, 1994: 25-43). Más datos acerca de la confusión existente entre polisemia u homonimia y ambigüedad y de su necesaria diferenciación pueden consultarse en Casas Gómez (1999a: 196-200 y 2002a: 22-25).

4.12. Conclusiones

A lo largo de estas páginas, hemos intentado demostrar cómo existen numerosos factores que favorecen la imprecisión metalingüística del término *sinonimia* por su influencia decisiva en la determinación de la existencia o negación de equivalentes semánticos en las lenguas, pero, al mismo tiempo, creemos haber dejado constancia de que el conocimiento, delimitación y adecuada descripción lingüística de tales criterios pueden contribuir, sin embargo, al correcto planteamiento de las relaciones sinonímicas.

Estos problemas pueden quedar, a modo de conclusión, resumidos en los siguientes principios:

1) limitación del *significado* al ámbito puramente descriptivo, relegando todo tipo de rasgos estilísticos y extralingüísticos;

2) la no introducción de la *polisemia* en el fenómeno sinonímico, resolviéndola lingüísticamente, primero, para poder establecer, después, diferentes relaciones sinonímicas entre *significados de signos*;

3) la utilización, para poder llevar a cabo la delimitación de los significados polisémicos y su posterior identificación como signos distintos, de una nueva *orientación funcional del signo*, consistente en una no identificación de la *expresión fónica* con el *significante* (entendido este en un sentido más extenso que engloba a la secuencia fonemática e incorpora todo un conjunto de factores semánticos), concepción esta capaz de solventar el problema de la polisemia y, de paso, restablecer la concepción simétrica del signo, como mínimo desde el significante;

4) la integración progresiva de los hechos de *variación* lingüística al sistema, a partir del concepto de «función comunicativa» y de criterios de carácter sociolingüístico, de tal manera que únicamente se considerarán aquellas unidades cuyas marcas variacionistas funcionen idiomáticamente, por su frecuencia de uso y grado de generalidad entre los hablantes, como rasgos característicos y pertinentes de tales elementos y sirvan para entablar oposiciones diferenciales con sus otros signos «sinonímicos» del sistema, pues, si estas «variantes diasistemáticas» pasan a formar parte de la lengua en tanto sistema funcional comunicativo, sus rasgos caracterizadores también son plenamente idiomáticos y funcionales;

5) la distinción entre *identidad* semántica y *similitud* significativa, lo que nos lleva a precisar el concepto de *sinonimia* en sentido estricto, como absoluta equivalencia semántica, y diferenciarla de otras relaciones semánticas basadas en una semejanza de significado, tales como la *parasinonimia*, la *hiperonimia / hiponimia* y la *antonimia*, las cuales presentan asimismo una caracterización lingüística diferente;

6) la consideración tanto del plano *paradigmático* como del *sintagmático* de la lengua para afirmar la existencia de unidades que tengan exactamente el mismo significado, con lo que ha de percibirse una relación sinonímica estricta entre los significados de dos o más signos;

7) la desestimación de la neutralización, no como principio funcional aplicable a los hechos semánticos, sino como fenómeno útil para resolver los casos sinonímicos en el sistema de una lengua, dado que su utilización y caracterización en el terreno sinonímico acarrea todo tipo de confusiones, tanto de planos lingüísticos como de relaciones semánticas;

8) la defensa, por razones tanto teóricas como prácticas, de la sinonimia como posibilidad teórica potencial o virtual del sistema lingüístico (variación libre), frente a la existencia de sinónimos concretos en una lengua (variantes libres);

9) la clasificación de distintos niveles del significar y sus implicaciones cuando describimos los diversos tipos de relaciones sinonímicas, ya que, entre otras diferencias, una sinonimia o equivalencia referencial no debe nunca identificarse con una sinonimia lingüística, y

10) la diferenciación del nivel de análisis semántico en el que operamos cuando hablamos de sinonimia y de otras relaciones semánticas, pues su tratamiento dependerá directamente tanto de los tipos de «contenido» que tengamos en cuenta en su definición como del nivel lingüístico en el que nos situemos, sobre todo entre el nivel léxico y el textual.

Tras todas estas consideraciones, hemos de manifestar que, aunque hayamos defendido la posibilidad teórica de la existencia de la sinonimia, después de muchos años de investigación en este campo de las relaciones semánticas y, en concreto, de las relaciones «sinonímicas», no hemos encontrado ningún ejemplo de sinónimos absolutos en español o en otra lengua, lo que, en caso afirmativo, invalidaría la posibilidad de establecer oposición semántica alguna (cf. n. 73), al existir entre los significados de tales unidades solo rasgos comunes de identidad, pero no rasgos diferenciales, y tanto los primeros (sin una conjunción de valores comunes es imposible el establecimiento de relaciones opositivas) como los segundos (las notas disjuntas) son pertinentes lingüísticamente para el concepto de oposición semántica, con lo que este fenómeno sistemático dejaría de ser una auténtica relación léxica[80] en sentido estricto, pues se trataría de una simple variación libre

---

80. Es este el planteamiento seguido tanto por Varo Varo (2002: 165, n. 53), al advertir que «la existencia potencial de la sinonimia en términos absolutos, o la total identidad de los significados paradigmáticos y sintagmáticos que subyacen a dos o más unidades, que coincide con el concepto de variación libre, invalidaría la posibilidad de establecer oposición semántica alguna, al no existir rasgos

desde el punto de vista del significado. Ahora bien, hemos de insistir en el hecho de que decidir sobre tal cuestión implica un estudio exhaustivo, pormenorizado y específico, caso a caso, de cada elemento y par sinonímico, que lleva parejo, no solo el estudio de las informaciones semánticas registradas en las distintas obras lexicográficas en torno a las unidades léxicas que presentan una sinonimia parcial o cierta sinonimia total, sino que es requisito indispensable la elaboración y análisis de un corpus y de encuestas directas a los hablantes. La ausencia del primero constituye una de las críticas más objetables hacia aquellos autores que, de forma general y contundente, han admitido o, más frecuentemente, han negado la existencia de sinónimos, sin entrar en el análisis de los datos semánticos que proporciona la observación del mayor número de ejemplos posible o han tomado como punto de partida tan solo unos cuantos contextos, pues todo juicio sobre significados o valores de sentido de una unidad implica su inserción contextual (la «puesta en contexto»), y ningún hablante tiene presente todas las posibilidades combinatorias de

---

diferenciales», como, sobre todo, por Rodríguez-Piñero Alcalá (2002: 151-201 y 2003: 217-281) en su descripción de la parasinonimia en el marco de las relaciones léxicas: «la sinonimia no se incluye en el conjunto de las relaciones léxicas, no porque la eliminación de todos los casos de sinónimos no "afecte" a la estructura del sistema léxico [opinión defendida por Lyons (cf. n. 70)], sino porque la identidad de significado que mantienen los lexemas sinónimos implica la inexistencia de oposición léxica entre los mismos, por lo que serían variantes libres del sistema de la lengua» (2002: 177). Por ello, basándose en el criterio de la oposición como principal factor delimitador de relaciones léxicas, relega «el estudio de la sinonimia del conjunto que forman dichas relaciones, ya que, además de ser entendida en nuestro caso como una relación semántica más que léxica, la identidad de los significados sinonímicos invalidaría el principio de oposición, pues no habría marcas distintas en su configuración, uno de los requisitos necesarios, junto con los rasgos comunes, para que podamos hablar de oposición lingüística y, por tanto, de relación léxica» (2003: 245). En un trabajo sobre tipos de relaciones en semántica (Casas Gómez 2005), hemos discutido este aspecto, precisamente en el sentido de la diferenciación expuesta, ya que, en efecto, la existencia de equivalentes semánticos exactos anularía a esta como tal, al no poderse establecer entre los significados implicados de tales signos ninguna oposición paradigmática –criterio fundamental de diferenciación de las distintas relaciones léxicas– sino una simple variación libre. No obstante, desde nuestro punto de vista, la afirmación en torno a si la sinonimia constituye o no una relación léxica depende obviamente de la concepción de relación léxica de la que se parta y de los rasgos definitorios que caractericen restrictivamente a tal concepto con referencia al más general de relación semántica o, más bien, relación «significativa». Así, por razones distintas, la sinonimia, pese a partir del significado, frente a la polisemia (que lo hace del punto de vista del significante), dejaría de ser una relación léxica en sentido estricto, al no basarse en el establecimiento de oposiciones de significado. Sin embargo, aunque el criterio de oposición constituya un factor decisivo en las manifestaciones lingüísticas diferenciales de las auténticas y genuinas relaciones léxicas (hiperonimia/hiponimia, parasinonimia y los diversos tipos de antonimia), hemos de precisar que los conceptos de *relación* y *oposición* no son coincidentes, pues el hecho de que no exista *oposición sinonímica* no invalida, en modo alguno, el de *relación sinonímica* en sentido extenso, dado que es lícito hablar potencialmente de la relación de sinonimia en un plano teórico como identidad significativa (frente a la similitud de significado) y, desde luego, se trata, junto a la polisemia, de un fenómeno general y una *relación semántica* o, mejor, *«significativa»* desde aspectos sustanciales de contenido de carácter designativo, referencial, asociativo o estilístico.

la palabra en cuestión. Las segundas son de suma utilidad para comprobar la disponibilidad, la frecuencia y el grado de generalidad en el uso (competencia lingüística generalizada de los usuarios de una comunidad) de los significados de las unidades consideradas.

Fue esto lo que realicé, por ejemplo, con la pareja léxica *alquilar / arrendar*, señalada por algunos autores (cf. Salvador 1985c: 53 y 57) como caso indiscutible de sinonimia perfecta en español y a la que dediqué diferentes estudios (cf. Casas Gómez 1990: 97-105 y 1998a: 299-308, esp. 300-303) hasta que pude comprobar que no eran en absoluto sinónimos, sino otro caso más de hiperónimo/hipónimo, pues no son sustituibles en todos los contextos, dado que *alquilar* se combina con marcas que no son aplicables, por su restricción semántica, a *arrendar*. Así, estos elementos establecen una relación de hiperonimia-hiponimia, ya que el primero posee un significado más genérico que posibilita su indiferencia y compatibilidad semánticas respecto a tres tipos de rasgos (con referencia no solo a viviendas, fincas, tierras o negocios, sino a objetos o cosas e incluso a personas), en tanto que el segundo restringe su uso al primer grupo de marcas y solo cuando *alquilar* actualiza alguna de estas primeras marcas resultan intercambiables en ciertos contextos sinonímicos.

Capítulo 5

Realidad, cultura y variación:
las variantes reales[81]

1. En nuestra propuesta sobre tipología variacionista (cf. Casas Gómez 2003a), planteábamos la necesidad de un esquema clasificatorio –inexistente hasta el momento en los estudios variacionistas– de las diferentes clases de variación. En este bosquejo de tipologización, junto al señalamiento de los distintos tipos y subtipos de variación lingüística, que comprende, no solo las dimensiones clásicas de *diatopía*, *diastratía*, *diafasía* y *diacronía*, sino el establecimiento pormenorizado de una amplia gama de hechos variables que conforman diversas clases y subclases de ejes variacionistas (*variación diatópico-geográfica*, *variación diatópico-social*, *variación argótica*, *variación diastrático-diafásica*, *variación diamésica*, *variación de estilo*, *variación estilística*, *variación diafásico-diastrática*, *variación especializada –jergal*, *específica* y *técnico-científica–*, *variación diasexual* y *variación diageneracional*, aludíamos a la existencia de una variación extralingüística, a la que se han referido indirectamente algunos lógicos, filósofos y antropólogos y no le han prestado atención los lingüistas.

El presente capítulo tendrá como objetivos el desarrollo teórico, con ejemplificaciones prácticas, de este concepto, que denominamos *variación real* o *extralingüística*, su aplicación a determinados fenómenos lingüísticos, como la sinonimia diatópica, los niveles del significar o la traducción, su relevante significación en el ámbito variacionista y su trascendencia en diversas disciplinas lingüísticas.

2. En esta diferenciación inicial entre *variación extralingüística* y *variación lingüística* de la que partíamos, se comprobaba fácilmente que, frente a las distintas clases de *variación lingüística*, estudiadas, en mayor o menor medida, por los lingüistas,

---

81. Este trabajo se publicó en *Análisis del discurso: lengua, cultura, valores. Actas del I Congreso Internacional (Universidad de Navarra, Pamplona, noviembre de 2002)*, editadas por Casado Velarde, Manuel, González Ruiz, Ramón y Romero Gualda, M.ª Victoria, vol. I, Madrid: Arco/Libros, 2006, 289-298.

aunque, desde luego, sin un adecuado análisis y sistematización de todas sus posibles dimensiones y escalas, la *variación extralingüística* había sido abordada en cierto sentido, si bien no directamente –tal como ya hemos indicado–, en el ámbito de ciencias no lingüísticas, como la lógica, la filosofía o la antropología, sin poseer prácticamente tratamiento en el terreno lingüístico, pese a sus repercusiones, como veremos, en disciplinas como la semántica, la lexicografía, la traductología, la sociolingüística y la dialectología. En concreto, al ocuparse este tipo de variación de la existencia de lagunas y variantes reales, tiene un sinfín de aplicabilidades lingüísticas, sobre todo, al conocimiento de los niveles del significar (cf. Casas Gómez 2001b: 17-28 y 2002b), al ámbito especialmente de la variación diatópica (de hecho, muchos casos de supuestos o pretendidos «geosinónimos» son, en verdad, variantes reales) y al fenómeno de la traducción como proceso siempre presente en el estudio interdisciplinar del lenguaje[82].

Y es que las lenguas y sus distintas modalidades lingüísticas reflejadas en el terreno variacionista no estructuran las «mismas realidades», es decir, hay realidades en unas lenguas inexistentes en otras comunidades y constituyen verdaderas lagunas reales, tal es el caso clásico del alemán *Wald*, que no se corresponde ni con nuestro «bosque» ni con nuestra «selva» (entidad conceptual representada en alemán por *Urwald*), o como sucede con el término vinícola jerezano *bodega*, cuyo referente presenta tanto diferencias intralingüísticas como interlingüísticas, pues ni es el correlato exacto del mismo término usado en otros ámbitos diatópicos peninsulares, ni equivalente y, por supuesto, no puede ser traducido por el alemán *Keller* o *Weinkeller* o por el inglés *cellar* teniendo que ser adoptado tal cual como hispanismo, ya que hace referencia a una realidad que no existe ni en la lengua alemana ni en la inglesa, hecho este que dificulta el proceso de traducción, obligando a utilizar en la lengua de llegada el término propio de la lengua de partida, como así lo consigna lexicográficamente Noya Gallardo (1993: 145-146) en su estudio de la terminología vinícola jerezana en inglés:

BODEGA
BODEGA: préstamo, término vinícola jerezano.

---

82. Véanse el capítulo cuarto, titulado «Aplicaciones lingüísticas de los niveles del significar», especialmente el apartado 4.2.2. («Niveles del significar y traducción»), de nuestro documento de investigación lingüística (Casas Gómez 2002b: 105-120), y, más recientemente, Casas Gómez (2021c: 35-50), trabajo en el que se analiza esta cuestión en el marco de las relaciones de la traducción con disciplinas tanto lingüísticas (la lingüística general, la semántica, la sociolingüística variacionista o la terminología), como no lingüísticas (lógica, filosofía y antropología). Para un desarrollo teórico del concepto de «variación real» y ejemplificación práctica de abundantes casos de variantes reales, véanse la tesis doctoral y los trabajos de Álvarez Torres (2016a, 2016b, 2021 y 2024).

Warehouse for maturing and storing wine. The most outstanding characteristics are:

a) that they are never underground, are always white-washed and usually have a rectangular base,

b) that the roofs have two layers of tiles resting upon wooden rafters and supported by tiers of columns linked by an arcade,

c) that the walls are very thick, with windows quite near the ceiling (an even temperature is essential for the ageing and maturing of wines) and

d) that the ceilings are at least six metres wide and the floor is of earth.

En este sentido, y respecto a las diferencias interlingüísticas entre *bodega* y *cellar*, puede afirmarse, de acuerdo con esta autora (1994: 310-311), que «ambas voces, aunque aparentemente equivalentes, no estructuran la misma realidad. Por una parte, *cellar* hace referencia a un local que se encuentra siempre bajo el suelo y que sirve solo para almacenar vino; la *bodega* jerezana, por el contrario, nunca es un local subterráneo y es el lugar en el que, además de almacenar, se crían y envejecen los vinos en las botas. Lo mismo ocurre con el término *bodegas*, cuya forma plural hace referencia a todo el complejo de edificios relacionados con el negocio del vino de Jerez incluyendo las oficinas».

3. Tales ejemplos evidencian una cierta intraducibilidad de la realidad, no solo por la existencia de objetos o referentes intraducibles, sino porque, a veces, no traducimos las mismas realidades, desde el momento en que o bien el proceso de trasladar enunciados de una lengua a otra no puede reflejar la información cultural que requieren los usos de las palabras en un especial «contexto de cultura» y «de situación» determinados, o bien tales entidades reales constituyen, de hecho, variedades referenciales.

3.1. Con este problema se enfrentó parcialmente, en relación con los dos tipos de «contexto» anteriormente mencionados en el marco de su teoría contextual del significado (desde la experiencia cultural y la situación)[83], el antropólogo Malinowski (1964: 316 y ss.) al estudiar las lenguas primitivas e intentar traducir textos, que representaban conceptos culturales asociados a los usos de los términos nativos, a la lengua inglesa, reflejo de una sociedad completamente diferente. Tomando una conversación entre nativos en las islas Trobriand (noroeste de Nueva Guinea), afirma en su análisis «cuán desvalido está uno para intentar esclarecer el

---

83. Para el tratamiento de esta teoría acerca del significado, su relevancia en la praxis de la traducción y la influencia de Malinowski en el análisis semántico llevado a cabo por Firth, consúltese la primera parte de la tesis doctoral de Battaner Moro (2002), así como su monografía sobre las ideas lingüísticas de Firth (2014).

significado de una enunciación por meros medios lingüísticos; y estaremos también en condiciones de comprender qué clase de conocimiento adicional, aparte de la equivalencia verbal, es necesario para hacer que la expresión resulte significativa (…). La traducción literal inglesa de esta expresión suena al principio como un acertijo o una mezcla de palabras desprovista de significado; por cierto, no parece un enunciado significativo y carente de ambigüedad. Ahora bien, si el oyente, a quien suponemos familiarizado con el lenguaje, pero no familiarizado con la cultura de los nativos, quisiera comprender aun el sentido general de este enunciado, tendría primero que informarse acerca de la situación en que fueron pronunciadas estas palabras. Tendría que verlas colocadas en su adecuado lugar dentro de la cultura nativa» (Malinowski 1964: 317-318).

Este escollo relativo a diferencias reales desde el punto de vista cultural se hace patente sobre todo cuando el lenguaje acompaña distintas actividades, como ocurre en el ejemplo clásico –analizado por este autor (1964: 329-330)– de la «pesca» en los nativos de las citadas islas, cuyo lenguaje contiene numerosos términos técnicos y una esencial vinculación de las expresiones al contexto de situación, en el que las palabras «poseen connotaciones especiales dependiendo del momento, del lugar y de la persona que las pronuncie» (Battaner Moro 2002: 52). En palabras de este antropólogo (1964: 330), «la estructura de todo este material lingüístico está inextricablemente mezclada con el curso de la actividad en que se hallan encajadas las expresiones, y depende de él en forma inseparable. El vocabulario, el significado de las palabras particulares utilizadas en su índole característica, no está menos subordinado a la acción. Pues el lenguaje técnico, en materia de empresa práctica, solo adquiere su significado por participación personal en este tipo de empresas. Hay que aprenderlo, no por reflexión sino mediante la acción».

Todas estas consideraciones justifican su preocupación por el lenguaje de las sociedades primitivas, así como por el lenguaje infantil (cf. Malinowski 1964: 338-341), dada su estrecha vinculación desde el punto de vista del lenguaje como acción, pues para el niño las palabras, más que formas de expresión, son modos eficientes de acción (desde el momento en que los primeros signos que el niño emite producen el efecto mismo que estas palabras significan), y de la magia verbal propia de la mentalidad primitiva (cf. Casas Gómez 1996: 36-37 y 45-46), fundamentada en la relación místicamente supuesta entre el símbolo y el referente que caracteriza al lenguaje del acto ritual basado sobre creencias tradicionales (cf. Malinowski, 1964: 346). De ahí que estas ideas, que muestran una perfecta adecuación entre la lengua y la realidad, aparezcan representadas gráficamente a partir de un singular triángulo semiótico caracterizado por una línea continua que une el símbolo y el referente o, lo que es lo mismo, la identificación de la palabra con la cosa.

3.2. Estas dificultades inherentes a la *realidad*, que han sido abordadas, sobre todo, en el ámbito lógico-filosófico, ponen de manifiesto la denominada por Quine (1986: 43-91) «relatividad ontológica» de la referencia. Este autor, vinculado a Dewey en sus postulados filosóficos naturalistas y en su visión conductista del significado[84], parte de diversos ejemplos, algunos de ellos inventados, para intentar probar la *indeterminación*, o más exactamente, la *inescrutabilidad* de la referencia.

Uno de estos casos artificiales, que ha utilizado también sobre todo en la sección dedicada a la «sinonimia de términos» de su obra *Palabra y objeto* (1968: 64-67), es el de la expresión nativa *gavagai*, que designa tanto a «conejo» como a «parte no separada o aislada de conejo», «una parte del conejo», «estado de conejo», «la fusión de conejos» o «aquello en lo cual se manifiesta la cualidad de conejo», con lo que la traducción de este *término de referencia dividida* no puede resolverse, dado que es objetivamente indeterminado, ni por simple ostensión[85], esto es, por plantear repetidamente esta expresión «al asentimiento o disentimiento del nativo en presencia de las varias estimulaciones pertinentes» (Quine 1986: 48) o ni siquiera por principio de individuación (es decir, dónde termina un *gavagai* y comienza otro, máxime cuando la única diferencia entre «conejos», «partes no separadas de conejos», «fusión de conejos» o «estados de conejos» es su individuación) en una lengua, por ejemplo en español, mediante recursos gramaticales interrelacionados y determinadas construcciones (pluralizaciones, pronombres, numerales, el «es» de identidad y sus adaptaciones «mismo» y «otro», etc.), lo que constituye todo un conjunto de hipótesis o mecanismos de traducción que este lógico y filósofo denomina *hipótesis analíticas*[86].

---

84. Así, para Dewey (*Experiencie and Nature*, La Salle, III, Open Court, 1925/1958, 179), el significado no es una existencia psíquica, sino primariamente una propiedad de la conducta. En esta misma línea, Quine (1986: 45) señala que «son los hechos mismos sobre el significado, no las entidades significadas, lo que debe ser interpretado en términos de conducta», reconociendo que «no hay significados, ni semejanzas ni distinciones de significados, más allá de las que están implícitas en las disposiciones de la gente a la conducta manifiesta. Para el naturalismo, la cuestión de si dos expresiones son semejantes o desemejantes en significado no tiene respuesta determinada, conocida o desconocida, excepto en tanto que la respuesta esté establecida en principio por las disposiciones de habla de la gente, conocidas o desconocidas. Si mediante estos criterios hay casos indeterminados, tanto peor para la terminología del significado y semejanza de significado» (1986: 46).

85. Se ha de considerar –manifiesta este autor– que «no se conoce ninguna palabra del lenguaje nativo, excepto lo que hayamos establecido sobre algunas hipótesis de trabajo respecto a lo que las palabras y gestos del nativo traducen como asentimiento o disentimiento en respuesta a nuestros señalamientos y preguntas» (1968: 50). Tal como indica en otro lugar (1968: 65), «la sinonimia de "Gavagai" y "Conejo" como sentencias se basa en consideraciones relativas al asentimiento provocado; pero este no es el caso cuando se trata de su sinonimia como términos».

86. Cf. Quine (1968: 81-85; también 1986: 51, así como el capítulo «Hablando de objetos» (13-41) de este último volumen).

Y es que la significación estimulativa expresada por las estructuras lingüísticas de ciertos enunciados ocasionales –tanto del lenguaje indígena al nuestro o viceversa– puede conseguir, aunque las posibles construcciones sean innaturales o arbitrarias, el mismo resultado por su carácter universal, esto es, que tales expresiones (no los términos) «pueden coincidir en significación estimulativa prácticamente siempre» (Quine 1968: 66), pero los términos y la referencia son locales o particulares, propios de una singular cultura y determinado esquema conceptual. Así, desde un punto de vista filosófico es interesante advertir que «lo que es indeterminado en este ejemplo artificial no es justamente el significado, sino la extensión, la referencia» (Quine 1986: 53). Tales observaciones sobre la indeterminación referencial presente en este ejemplo se plantean, además, como un reto a la noción de igualdad de significado, cuestiones sobre las que este autor afirma lo siguiente:

> De dos predicados que sean iguales en extensión, nunca está claro cuándo podemos decir que son iguales en significado y cuando no; es la vieja cuestión de bípedos implumes y animales racionales, o de triángulos equiláteros y equiángulos. La referencia, la extensión, ha sido el punto fuerte; el significado, la intensión, el punto débil. La indeterminación de la traducción con la que ahora nos enfrentamos, sin embargo, atraviesa igualmente la extensión y la intensión. Los términos «conejo», «parte no separada de conejo» y «estado de conejo» no sólo difieren en significado, también son *verdaderos de cosas diferentes*. La *referencia* misma se demuestra *inescrutable* desde el punto de vista de la conducta (…); *los términos tienen la misma extensión cuando son verdaderos de las mismas cosas*. Al nivel de la *traducción radical*[87], por otra parte, *la extensión misma resulta inescrutable* (Quine 1986: 53-54; la cursiva es nuestra).

4. Todos estos aspectos se refieren, en primer lugar, a las ya citadas *lagunas reales* –espacios o casillas vacías existentes en la realidad que se materializan en una ausencia de forma de expresión, aunque no de forma de contenido–, que suponen la no existencia en distintas lenguas de las mismas realidades; en segundo lugar, al establecimiento de *diferencias reales* entre dos culturas diferentes, pues no traducimos los mismos hechos culturales, y, en último lugar, a la existencia de *variantes reales*, dado que en ocasiones no coinciden, tanto interlingüísticamente como desde la óptica de la variación intralingüística, las mismas *cosas*. No es que no existan, sino que son modalidades distintas de la realidad, con lo que, desde el punto de vista del referente, no podemos hablar de identidad referencial sino de *variedad real*.

5. Esta cuestión, que no ha sido debidamente tenida en cuenta en la lingüística, ni siquiera por parte de la dialectología o la sociolingüística, resulta bastante

---

87. Por *traducción radical* entiende este autor la «traducción de un lenguaje extraño sobre la base de la conducta evidente, sin ayuda de diccionarios previos» (Quine 1986: 66).

significativa en el ámbito de una tipología variacionista, en cuya clasificación, por consiguiente, junto a las diferentes clases y subclases de *variación lingüística*, hay que hablar de una *variación extralingüística* como un tipo más de variación en el lenguaje, que se ocupa de la existencia de lagunas y, sobre todo, de diferencias y variantes reales. Es lo que ocurre con la realidad «limón», que no es la misma en el español peninsular que en el hispanoamericano, tal como comenta García Márquez (1982: 9) a propósito de la *definición ostensiva*[88] del color *amarillo* en el *DRAE*: «De color semejante al del oro, el limón, la flor de la retama, etc. (…)»:

> A mi modo de ver las cosas desde la América Latina, el oro era dorado, *no conocía las flores de la retama, y el limón no era amarillo, sino verde.* Desde antes me había llamado la atención el romance de García Lorca: «En la mitad del camino cortó limones redondos, / y los fue tirando al agua hasta que la puso de oro». Necesité muchos años para viajar a Europa y darme cuenta de que el diccionario tenía razón, porque, en realidad, *los limones europeos son amarillos* (la cursiva es nuestra).

Esta primera acepción de la entrada *amarillo* se ha conservado sin ningún tipo de modificación hasta la última edición del diccionario académico, que ha efectuado correctamente (y de acuerdo con los planteamientos que estamos defendiendo en relación con la existencia de variantes reales) la reducción parcial, al menos, de estas explicaciones o propiedades de carácter ostensivo, concretamente, su semejanza o analogía con el limón: «de color semejante al del oro, la flor de la retama, etc.» (*DRAE*, 2001, I, 132), si bien no resuelve del todo el problema práctico de este tipo de variación en conexión con la variación geográfica en las definiciones de conceptos entre el español peninsular y americano, pues tampoco se conoce en la América Latina, como advierte en su texto el propio literato colombiano, la «flor de la retama». Son precisamente los aspectos que estamos indicando acerca de esta variación extralingüística los que motivan la no correcta interpretación metafórica por parte de García Márquez del conocido romance del poeta granadino, cuyo problema de traducción deriva de la existencia

---

88. En lexicografía, se denomina *definición ostensiva* a aquélla en la que «se muestra directamente el referente mediante una alusión directa al objeto que posee la propiedad que se define o, como ocurre en los diccionarios ilustrados, mediante una representación icónica» (Bosque 1982: 111). Así, *azul* es definido en el *DRAE* (2001, I: 265) como «del color del cielo sin nubes». Esta clase de definición, que con frecuencia aparece complementada por otros tipos de definiciones, sobre todo por la hiperonímica, tal es el caso de *escozor*, «sensación dolorosa, como la que produce una quemadura» (*DRAE* 2001, I: 962), suele tener carácter analógico, esto es, presentar una comparación con otra propiedad, objeto o estado de cosas (como se observa en la acepción de *escozor*) o establecer una relación de semejanza entre el referente de la palabra que se define y otro u otros propuestos por el lexicógrafo, como sucede en la definición de *amarillo* citada en el texto o en la segunda acepción de *rojo* consignada en el *DRAE*: «*rubio* (de color parecido al oro)» (2001, II: 1984).

de una variante referencial, de una falta de adecuación real entre el «limón» europeo y el americano.

Casos semejantes son los de *pero*, respecto a *manzana*, o *alcaucil*, frente a *alcachofa*, por citar solo un par de ejemplos más. En efecto, *pero* es una «variedad de manzana de forma alargada» (*DUE* 1977: II, 711 y *DUE* 1998: II, 647) o «variedad de manzano, cuyo fruto es más largo que grueso» (*DRAE* 2001: II, 1735), de la misma manera que *alcaucí* o *alcaucil* es una «alcachofa silvestre» (*DUE* 1977: I, 120 y *DRAE* 2001: I, 96), una variedad de esta con unas determinadas características reales y no simplemente una variante diatópica, como la definía de forma genérica e imprecisa Moliner en su segunda acepción: «en algunos sitios, alcachofa» (*DUE* 1977: I, 120), o, incluso, lo que es más erróneo, un sinónimo de esta, como así la caracteriza la «denominada» segunda edición del *DUE* (1998: I, 119). De ahí que tales variaciones reales se relacionen con la dimensión diatópica del lenguaje, con lo que se desprende su aplicabilidad lingüística en este dominio de las diferencias o marcaciones geográficas, donde abundan casos que no responden estrictamente a variantes diatópicas, sinónimos diatópicos o *geosinónimos*, en la terminología de Berruto (1976: 61), sino a modalidades diversas de la realidad, que a veces comportan también alguna diferencia semántica de carácter hiper-/hiponímico, como ocurre en los ejemplos citados de *manzana / pero* y *alcachofa / alcaucil*.

6. Pero de cuanto va expuesto se hace presente la idea filosófica humboldtiana de la cosmovisión del mundo por medio del lenguaje, reflejada en las formas interiores de las respectivas estructuras lingüísticas, que subyace a la teoría del relativismo lingüístico, concepto impulsado también por otros románticos alemanes del siglo XIX y antropólogos iniciadores del estructuralismo norteamericano, que, desde el punto de vista de la realidad, adquiere, según los aspectos anteriormente comentados, otras ramificaciones y aplicaciones respecto a su tradicional caracterización establecida en el terreno lingüístico, tal como puede sintetizarse en el siguiente esquema:

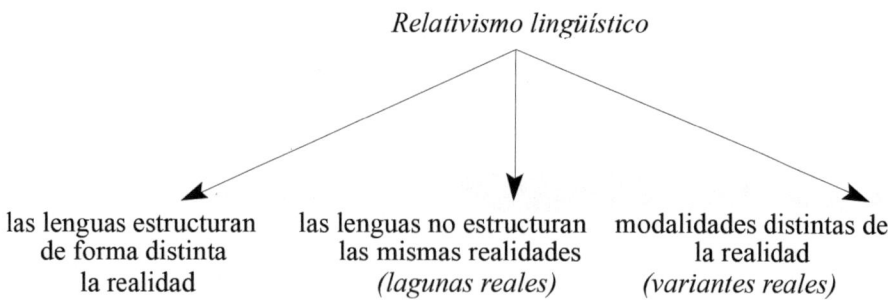

Relativismo lingüístico

las lenguas estructuran de forma distinta la realidad

las lenguas no estructuran las mismas realidades *(lagunas reales)*

modalidades distintas de la realidad *(variantes reales)*

del que se infiere tres aspectos relevantes: en primer lugar, el hecho de que las lenguas estructuran lingüísticamente de forma distinta la realidad, o lo que es lo mismo, los contenidos que representan las formas lingüísticas difieren según las lenguas, esto es, los significados son intralingüísticos (español *pelo / cabello //* inglés *hair //* alemán *Haar,* español *día / noche,* inglés *day / night,* alemán *Tag / Nacht,* francés *jour / nuit //* danés *Døgn / Dag / Nat,* etc.); en segundo lugar, las lenguas no estructuran las mismas realidades, dada la presencia de referentes, en determinadas lenguas o modalidades lingüísticas de una misma lengua, inexistentes en otras comunidades (lagunas reales de carácter interlingüístico o intralingüístico), y, en tercer lugar, la existencia de variantes reales, que tienen su plasmación tanto en lenguas diferentes como en el interior de una misma lengua, especialmente desde el punto de vista dialectal.

7. Frente a que algunos consideran insostenible este relativismo lingüístico, dado que «si tuviera una aplicabilidad plena no sería posible un fenómeno tan habitual como el de la traducción» (Gallardo Paúls 1995: 72), las dimensiones expuestas de esta teoría poseen consecuencias relevantes en este ámbito complejo de la *traductología,* ya que estos autores olvidan que no traducimos significados (que son dependientes de cada lengua), por lo que la traducción no existe en sentido estricto desde el punto de vista de una lingüística del sistema, porque los significados son intralingüísticos y sus valores varían notablemente de una lengua a otra, sino desde una lingüística del hablar, pues no traducimos palabras y significados, sino sentidos, esto es, connotaciones, evocaciones, valores comunicativos y efectos contextuales de los signos en toda clase de textos y en el hablar concreto y las equivalencias se establecen únicamente en el nivel designativo o referencial, es decir, entre clases de objetos o referentes específicos y, en ocasiones, ni siquiera eso, dado que hay realidades intraducibles y, a veces, tampoco traducimos las mismas realidades, que son variedades reales y no diferencias diatópicas. Además, la traducción no solo es un problema interlingüístico (entre lenguas distintas) sino intralingüístico (dentro de una misma lengua), que afecta, bien a las distintas modalidades de una misma lengua, bien a los hablantes que en el hablar activan continuamente este proceso en sus comunicaciones diarias.

8. De entre los diferentes aspectos dinámicos, concretos y plenamente comunicativos que recubre el heterogéneo ámbito de la *variación* (integrados de lleno en el vasto dominio de la *lingüística del hablar* desde el momento en que la comunicación lingüística constituye siempre un producto variacionista), en este capítulo se ha considerado un fenómeno que había sido olvidado por la lingüística, pero no por otras ciencias como la lógica, la filosofía del lenguaje o la antropología, como es la relatividad ontológica y cultural de la referencia, que propicia la existencia de

la *variación real* o *extralingüística*, concepto que se ha analizado y ejemplificado en conexión con sus distintas aplicabilidades lingüísticas. En este sentido, hemos visto cómo esta *variación real* de carácter *extralingüístico*, que se ocupa de las lagunas, diferencias y variantes reales, resulta especialmente relevante en el ámbito de los estudios variacionistas, dadas sus repercusiones en disciplinas como la sociolingüística y la dialectología, pues no son pocas las variantes diatópicas o geográficas señaladas normalmente que constituyen en realidad casos de variantes reales. Por otra parte, se trata de un aspecto que adquiere destacada importancia para un adecuado conocimiento de los niveles del significar, fundamentalmente del problema de la referencia y sus implicaciones, como hemos señalado, en el fenómeno de la traducción, considerado no solo un problema interlingüístico, sino intralingüístico, con referencia explícita tanto a las diversas modalidades lingüísticas de una misma lengua como idiolectalmente a los hablantes que en el hablar concreto realizan con frecuencia el proceso de traducir.

Capítulo 6
El concepto de significante en
el funcionalismo semántico[89]

6.1. Introducción

En el marco de un determinado funcionalismo lingüístico de corte estructuralista y de carácter axiológico se ha procedido al desarrollo teórico de una nueva concepción del signo basada fundamentalmente en una noción de significante en sentido extenso diferenciado de la pura expresión de datos fónicos. De este modo, en relación, por una parte, con la asimetría de los significantes, en concreto con la afirmación sustentada por Karcevskij[90] de que el signo que llega a ser sinónimo

---

89. Publicado en *Romanische Forschungen,* 120, 3, 2008, 283-306.

90. La consideración teórica del dualismo asimétrico del signo fue postulada por el lingüista praguense Karcevskij (1929: 88-93, esp. 88), quien señaló que «le signe et la signification ne se recouvrent pas entièrement, leurs limites ne coincident pas dans tous les points»: el significante puede tener así otras funciones además de la suya propia y el significado puede llegar a expresarse por varios signos. Son, pues, asimétricos; se encuentran en un estado de equilibrio inestable, que explica, por lo demás, el que un sistema lingüístico pueda evolucionar. Esta asimetría fue defendida por este autor tanto en el artículo citado como en su intervención, particularmente relevante, en el *II Congrès International de Linguistes* (Genève, 1931) a raíz de una comunicación de Pos (1933: 156-158, esp. 158) sobre la sinonimia en la lengua y en el lenguaje. Su principio general radica en que «tout signe est virtuellement homonyme et synonyme à la fois. Autrement dit, il appartient simultanément à une série de valeurs transposées du même signe et à une série de valeurs analogues mais exprimées par des signes différents» (Karcevskij 1929: 90). Ello significa que la sinonimia es una noción más o menos análoga a la homonimia, pero no su correlato exacto, porque para definir aquélla paralelamente a esta se precisa que los significados correspondientes a significantes diferentes sean idénticos. Tendríamos, pues, que aludir, más que a un dualismo asimétrico del signo en general, a una asimetría, en particular, de la relación entre el plano de la expresión y el plano del contenido –tal como fue planteada por Geckeler (1971: 129-130 y 236) en el marco general de un tratamiento sincrónico y funcional del problema de la homonimia o polisemia y de la sinonimia–, dado que las correspondencias plurívocas se dan o, al menos, parece que se dan solo del lado de los significantes, no de los significados, si bien determinadas posturas sobre el tema (cf., entre otras, las expresadas por Salvador 1985c: 51-66 y Gutiérrez Ordóñez 1989: 117-123) contradicen esta idea, ya que, al proclamar estos autores la existencia de

de otro es al mismo tiempo su propio homónimo, puesto que su valor se desdobla, y, por otra, con la primacía de la perspectiva del significado[91] sobre el significante como marca delimitativa de identificación de signos diversos (cf. Mignot 1972: 1-22), en el sentido de que las propiedades fundamentales que permiten identificar un signo en oposición a otros pertenecen al significado (son diferentes los signos que tienen significados distintos, con independencia de cuáles sean los significantes), hemos de situar una línea teórica de investigación que ha supuesto una perspectiva nueva respecto al análisis del significado en el ámbito de la semántica y, más concretamente, en el de la actual semántica léxica[92], dado que tales ideas, relacionadas con el punto de vista sobre los componentes del signo[93] y

---

sinónimos absolutos, están defendiendo teóricamente, aunque no aluden a ello de forma explícita, la asimetría del signo desde el punto de vista del significado.

91. Esta preponderancia tiene su fundamento en el mismo funcionamiento lingüístico de la comunicación, pues son los significados los que dan razón de ser a los significantes y no a la inversa.

92. Una exposición de los desarrollos de la semántica en los últimos años y, específicamente, de las perspectivas de estudio más recientes de la semántica léxica, plenamente diferenciada hoy de la lexicología tradicional, puede verse en nuestra contribución al homenaje póstumo del profesor Geckeler (cf. Casas Gómez 2006a: esp. 13-20 y, más recientemente, en Casas Gómez / Hummel 2017 y Casas Gómez 2020a).

93. No olvidemos que en diferentes propuestas semióticas de explicación del signo y de su esencia significativa ya encontramos diferenciaciones entre la pura secuencia o expresión fónica y el significante propiamente dicho. Recordemos, por ejemplo, cómo en el primer modelo del trapecio metodológico de Heger (1974: 1-32) se lleva a cabo una distinción entre unidades físicas y unidades psíquicas, con lo que este autor separa en el lado izquierdo de su figura geométrica la *sustancia fónica* física del *significante* o *monema* concebido solo como unidad psíquica, pero advirtiendo que ambos están unidos por la misma relación de consustancialidad que rige para significante y significado. En un modelo semiótico posterior, de carácter pentagonal, Raible (1983: 5) parte de la separación entre un «nivel de lo real» y un «nivel de lo posible» para diferenciar entre *nomen* (*Lautung*) y *signans* (*signifiant*), señalando que el proceso semiótico se desarrolla desde el referente concreto (*denotatum*) y la representación designativa extralingüística (*designatum*) hasta el signo lingüístico, formado por un *signatum* (unidad de significado en una lengua) y un *signans* (la idea abstracta fonológica), constituyendo el punto final del proceso el sonido concreto (*Lautung*). Entre este último y el referente se establece una relación de designación (con el *nomen* se designa el *denotatum*), perteneciendo ambas entidades, físicamente experimentables, a la realidad, mientras que los restantes elementos integrantes del proceso son puramente mentales o «virtuales». Este esquema semiótico constituye la base del modelo presentado por Blank (1997: 98-102) en su intento de conjugar las visiones estructuralista y cognitivista de la semántica con objeto de salvar algunos de los escollos y deficiencias de ambos enfoques, como la no atención al conocimiento conceptual o extralingüístico, en el primer caso, o la subestimación del carácter intralingüístico o particular de los signos, en el segundo. Para ello, 1) sustituye la terminología anterior por las siguientes expresiones: *Zeichenausdruck* = expresión del signo, al que corresponde el conocimiento acerca de la «Lautung» (conocimiento fonológico), *Zeicheninhalt* = contenido del signo (conocimiento semémico intralingüístico), *Zeichen* = signo (conocimiento léxico referido tanto al contenido como a la expresión), *Designat* (conocimiento del mundo y connotaciones), *Konkrete Lautung* y *Referent* (en cuanto elementos comprensibles discursivamente que solo aparecen en un acto de habla concreto); 2) interpreta la separación entre el nivel de lo real y el nivel de lo posible como una distinción

el análisis del plano del contenido, se siguen actualmente en cierto tipo de estructuralismo funcionalista, que, con unos planteamientos más modernos coincidentes con una concepción axiológica, parte del significado y no del significante para abordar el estudio semántico de la lengua, ofreciendo una solución al problema polisémico u homonímico y, sosteniendo, con ello, la posibilidad de construir una semántica funcional en la línea que hemos planteado en diversos trabajos de nuestro grupo de investigación[94].

6.2. La teoría de la extensión del significante

Fue Trujillo el primer autor que, con referencia a su concepto de *forma de contenido*[95], elabora ampliamente, en el marco de sus estudios semánticos[96], la denominada teoría de la *extensión del significante*, adoptada más tarde también, como veremos, por otros lingüistas de orientación, principalmente, funcionalista. El lingüista español (1976: esp. 57, 161 y 240) desarrolla toda una concepción del signo como unidad estructural que parte de la idea de la existencia de una correlación, no entre plano de la expresión y plano del contenido, sino entre significado y significante[97], a

---

entre un nivel concreto y otro abstracto, y 3) diferencia entre un plano lingüístico y otro extralingüístico, dado que la «konkrete Lautung», la expresión del signo y el contenido del signo son manifestaciones de lo lingüístico en general, en tanto que el «Designat» y el referente están fuera de toda lengua. De esta manera, a partir de estos dos pares dicotómicos contrarios («abstracto»/ «concreto» y «lingüístico»/ «extralingüístico») obtiene un modelo, aplicable como tal tanto en la lengua como en el habla, con las siguientes entidades: lingüística-concreta (*Konkrete Lautung*), lingüística-abstracta (*Zeichen,* compuesto de un lado morfofonológico –*Zeichenausdruck*– y otro semántico –*Zeicheninhalt*–), extralingüística-abstracta (*Designat*) y extralingüística-concreta (*Referent*).

94. Bajo esta concepción, una línea prioritaria y, además, fundacional de nuestro grupo de investigación *Semaínein* se basa en la descripción y análisis de las relaciones semánticas en cuanto relaciones entre significados de signos, en la que se enmarcan las investigaciones desarrolladas en torno a un proyecto internacional financiado por la Fundación «Alexander von Humboldt» (cf. Casas Gómez 1998c: 7-22, 1999a, 2000: 1277-1290 y 2002a: 21-47). En esta línea de investigación, se ha llegado en esta temática al establecimiento de un ampliado marco epistemológico de carácter teórico, metodológico y terminológico-conceptual para una nueva propuesta de tipologización de las relaciones en semántica (cf. Casas Gómez 2005, 2011 y 2014).

95. Este concepto fue objeto de uno de sus estudios teóricos más significativos (Trujillo 1972a: 3-11). En lo que respecta al significado, Trujillo (1972a: 4) lo concibe como forma de contenido, entendido como conjunto estable y constante de rasgos semánticos al que corresponde un conjunto significante (en el sentido extenso que aquí expondremos) diferente al que pueda corresponder a otro significado.

96. Para el desarrollo de este concepto en el ámbito global de su teoría semántica, cf. también (1972b: 103-109, esp. 105-107, 1976: 37-54, esp. 39, n. 7, 59-60, 94-102, 159-161 y 175, 1975: 303-314, 1983b: 187-192 y 1988: 13, 19, n. 1 y 57-59).

97. Aceptar, sin embargo, la existencia de tal correlación supone poder aplicar el procedimiento de la conmutación, y creemos, a este respecto, que, si bien podemos hablar –en el caso por ejemplo de

sabiendas de que el correlato del significado no es la expresión fonológica, sino el significante, que abarca, además de la pura secuencia fonemática, factores de tipo semántico, distributivo, etc. Así, por ejemplo, en *dar*, 'entregar', y *dar*, 'producir', nos encontramos con dos signos diferentes –con significantes también distintos– porque, si bien la expresión fonológica es la misma, la diferencia resulta de la presencia en el esquema sintáctico de estos signos de ciertos componentes semánticos: 'animado-humano' para *dar*, 'entregar', 'inanimado' para *dar*, 'producir'. Entre los criterios para determinar si estamos ante significados diferentes (y, por tanto, ante signos distintos) o ante acepciones de un mismo significado, este autor cita, en efecto, dentro del ámbito de la combinatoria, el cambio de factores semánticos en un mismo esquema de distribución: *el niño da libros / la tierra da frutos* (Trujillo 1976: 179). Pensamos, no obstante, que estos componentes semánticos diferentes están determinando, en realidad, esquemas distintos. En este sentido, recogemos aquí la concepción de esquema sintáctico o, más exactamente, *esquema sintáctico-semántico* de Báez San José[98] como relación entre un núcleo predicativo y una serie de variables: en el caso de *dar*, 'entregar', el esquema sería *Alguien da algo a alguien*; en el de *dar*, 'producir', *Algo da algo*. Estos esquemas diferentes pertenecen, no al contexto de habla, sino a la sintagmática de la lengua, pues se trata de un nivel previo a su investidura por unidades léxicas y fuera de todo contexto y situación (frente a lo que este autor entiende por *expresión* y *evento de habla*, siendo a la vez la expresión un nivel de abstracción intermedio entre el esquema y el acto individual e irrepetible o evento). De ahí que lo que Trujillo considera un mismo *esquema de distribución* no lo sea en el nivel abstracto del esquema sintáctico-semántico. De la misma manera, lo que este autor considera diferencias de distribución se reduce –a la hora de determinar signos distintos– a una diferencia de esquema sintáctico-semántico en el sentido antes explicado.

---

la citada asimetría polisémica– de una correlación en cuanto que a un significado diferente le corresponde un significante diferente (teniendo en cuenta un concepto más extenso de significante), no podemos decir que exista conmutación, ya que esta se produce entre los miembros que pertenecen a un mismo paradigma, y las posibles invariantes de este tipo de palabras se caracterizan generalmente por pertenecer a paradigmas diferentes, a menos que se trate de un caso de sincretismo. En este sentido, el profesor de La Laguna nos dice más adelante en su exposición (1976: 96): «si dos elementos no son conmutables entre sí, puede ser por dos razones: a) porque pertenezcan a paradigmas distintos, o b) porque, aun perteneciendo al mismo paradigma, sean simplemente variantes de una misma unidad». De ahí que, dadas las deficiencias de este procedimiento, establezca una serie de reglas, las cuales serán ampliadas ulteriormente por Gutiérrez Ordóñez (cf. 1979: 154-157, 1981a: 157-160 y 1989: 49-56) como complementarias de la conmutación para determinar en cada caso si estamos ante dos o más invariantes de contenido o ante meras variantes (cf. Trujillo 1976: 178-180).

98. Cf. fundamentalmente, entre otros trabajos, Báez San José (1984: 23-37 y 1987: 65-81), Báez San José/ Moreno Martínez (1985: 55-85) y Báez San José/Penadés Martínez (1990: 103-136).

El concepto de significante, pues, «no se reduce –como subraya expresamente este autor (Trujillo 1976: 161)– a la mera secuencia de figuras de expresión: pueden intervenir, como hemos dicho, componentes semánticos, y puede estar, incluso, constituido exclusivamente por magnitudes semánticas en una disposición determinada, constituyendo lo que podríamos llamar significantes sintácticos o esquemas». Esta concepción presenta, no obstante, ciertas dificultades teórico-prácticas. En primer lugar, puede resultar discutible e incluso un tanto contradictorio el hecho de que el significante no solo sea un simple marcador de significados distintos, sino que incorpore también componentes semánticos, si bien –tal como señala Gutiérrez Ordóñez (1981a: 81)– «no hay óbice, en principio, para que la presencia de un rasgo de sustancia semántica (sustancia desde el punto de vista del análisis del contenido) pueda alcanzar valores distintos respecto a otra entidad semántica». En trabajos posteriores, este mismo autor (1989: 47-49 y 1992: 104-105) vuelve a indicar que la hipótesis de que el significante sea algo más amplio, que incluya la expresión así como otros factores que diferencian significados, «rompe con un principio no explícito: que *el significante ha de ser de carácter fónico*». No obstante, basándose en Hjelmslev (1976: 123), que en sus *Principios de gramática general* distinguía el significante como elemento integrado por la imagen acústica y la imagen gramatical, afirma que «nada existe en la definición de significante que nos autorice tal restricción: *Será significante todo aspecto sustancial del mundo representante que caso de sufrir mutaciones produzca mutaciones en el plano de lo representado*». Dada la existencia de otros aspectos diferentes de la imagen gramatical que hemos de tener en cuenta, propone definir el significante como ± expresión ± P, «donde P incluye todos aquellos factores y propiedades no fónicas del signo que caso de sufrir mutaciones producen mutaciones en el plano opuesto. Es decir, *todos aquellos factores de naturaleza no fónica que intervienen de forma pertinente en la diferenciación del significado de los signos (simples o complejos)*». Por otra parte, como advierte Pastor Milán (1988: 309), surge el problema práctico de establecer en cada caso el significante en cuestión, es decir, la serie de factores que entran en su constitución (porque serán ellos los que sirvan, a su vez, para distinguir entre significados o invariantes y acepciones o variantes). Aunque tanto Trujillo como Gutiérrez Ordóñez han hablado de ellos, «su casuística –según esta autora (1988: 310)– parece demasiado aislada como para poder conformar un procedimiento formal homogéneo que permitiera poner al descubierto esos significados distintos, en el caso de que los haya» (por lo demás, algunos de estos criterios han sido tratados también por la semántica tradicional en su búsqueda de elementos formales que mitiguen el efecto de la ambigüedad). Esta concepción de significante ha sido calificada por Coseriu (1995: 115-116) de «extraña» propuesta de corrección de la semántica estructural, que, en su opinión, es absolutamente inaceptable, pues se funda en la confusión (o la identificación ilícita) entre el significante (= lo que significa) y los indicios externos que pueden servir para identificar un signo. 'Significante' sólo puede ser aquello que, en un signo, funciona, precisamente, como 'significante': aquello que el hablante emplea con un significado y aquello a lo cual el oyente atribuye un significado; y esos indicios no pertenecen al funcionar del signo (en cuanto significante + significado) ni en el empleo ni en la interpretación del signo como tal (atribución de un significado), sino a una operación muy diferente: la de distinguir y reconocer los signos. Más aún: para el hablante, no funcionan de ningún modo (salvo en una eventual aclaración metalingüística para el oyente).

Sin embargo, respecto a Coseriu, hemos de señalar que este autor muestra, a su vez, un apego a lo formal al conservar el término *polisemia*, aun cuando defiende, siguiendo a Aristóteles, que una voz puede designar cosas distintas pero mantener un solo significado (cf. Coseriu 1969b: 95 y 1979: 432-437) y que *polisemia* «no significa *un* significado heterogéneo o impreciso, sino *varios* significados unitarios y delimitables» (1990: 266). En esta línea, pone de manifiesto que «bei der sprachlichen Polysemie handelt es sich um verschiedene funktionelle Einheiten, um verschiedene Sprachinhalte, die nur zufallig im materiellen Ausdruck zusammenfallen» (1970: 105) o que «en el caso de *parte*, 'divide', y *parte*, 'sale', se comprobará que aparecen con significado diferente también en contextos idénticos (como *parte hoy*) y que, ahí donde los contextos son distintos, la diferencia entre los significados no puede reducirse a –ni justificarse por– esos contextos (que, por ejemplo, en *Juan parte leña*, el valor de este *parte* no puede explicarse como resultado de la determinación de *parte*, 'sale', por medio de un complemento directo). Y para mostrar las formas que tienen significado diferente, se podrá señalar, por ejemplo, que *parte₁* se construye con complementos directos y *parte₂* con complementos de lugar, etc. Es decir que, con finalidad didáctica, será lícito, en casos semejantes, *considerar como 'forma' gramatical o léxica, además de la constitución material de las formas consideradas, también sus combinaciones y 'posiciones' específicas* (1981: 202; la cursiva es nuestra). De estas últimas palabras se desprende, contrariamente a lo indicado en el texto como propuesta correctiva, extraña e inaceptable de la semántica estructural, una solución al problema polisémico muy próxima a la planteada por Trujillo, que, sin embargo, el lingüista rumano no desarrolla y que, por otra parte, contrasta con su insistente empleo del término *polisemia*.

Es obvio que no podemos entrar aquí en una completa valoración crítica de tales consideraciones, algunas de ellas ciertamente discutibles, pero de lo que no cabe la menor duda es que este aspecto teórico implica, de forma particular, importantes repercusiones en su aplicación a las diferentes relaciones léxicas, en especial a la polisemia u homonimia, dado que, con la separación de los conceptos de *expresión* y *significante* (trascendiendo este los límites de la secuencia fonológica), cuya hipótesis ha supuesto la creación de una semántica funcional en el marco de los principios teóricos (funcionalista, valor en su doble dimensión para-digmática y sintagmática, pertinencia e inmanencia) de la axiología (cf. Gutiérrez Ordóñez 1992: 101-107), Trujillo no admitirá pues la existencia de significantes ho-mónimos, sino de signos diferentes (de expresión homonímica) cuyos significados entran en relaciones paradigmáticas y sintagmáticas también distintas. De ahí que aporte una solución a los problemas semánticos planteados por la homonimia y la polisemia, al negar como hechos estructurales la existencia de tales fenómenos, admisibles solo si se toma el punto de vista del significante aislado[99], en el plano de la lengua, nivel en el que siempre tendremos un único significante asociado a un único significado (cf. Trujillo 1976: 236-249). Es decir, si partimos del hecho de que lo que determina que estemos ante significados distintos es tan solo la suce-sión de fonemas, concluiremos que, si tomamos, por ejemplo, el caso analizado por Gutiérrez Ordóñez (1981a: 79, n. 53, 71 y 212), en /bóte/ tenemos un único signifi-cado, que incluye 'salto', 'lata' y 'lancha'. Pero si lo que queremos hacer es un análi-sis funcional del contenido, debemos partir, no del plano de la expresión, sino del plano del contenido[100], donde cada significado (cf. Trujillo 1972a: 5) determina es-tructuralmente las distintas formas de contenido como límites semánticos que ex-cluyen otros significados y, en consecuencia, signos distintos que vienen marcados por significantes también distintos: /bóte$_1$/ para 'salto', /bóte$_2$/ para 'lata' y /bóte$_3$/ para 'lancha'. Si especificamos los factores de naturaleza no fónica que caracterizan al significante interviniendo de forma pertinente en la delimitación y diferencia-ción del significado de los signos, diremos que, en casos de expresiones homoní-micas como mono o presente (cf. Gutiérrez Ordóñez 1989: 50 y 52 y 1992: 104-105),

---

99. El hecho de considerar los significantes de forma aislada sin tener en cuenta sus relaciones funcionales (opositivas y contrastivas) ha sido el planteamiento de los semantistas tradicionales y de otros muchos estudios semánticos realizados hasta la fecha con respecto al tema que nos ocupa.

100. Con carácter insistente, Trujillo ha criticado la contradictoria aplicación a la semántica de la metodología estructural en el sentido de que, por regla general, se ha partido del plano de la expre-sión para un estudio del plano del contenido que tiene por objeto las formas de significado léxico y gra-matical. Basándose en el hecho de que el significado, objeto de la semántica, solo puede ser analizado por una ciencia que estudie formas de contenido, este autor (1972b: 104-105) advierte que «una cien-cia del contenido que pretenda ser coherente consigo misma ha de adoptar necesariamente el punto de vista del contenido y servirse, al contrario que la ciencia de la expresión, de la expresión como mero contraste para establecer el carácter formal de sus unidades, pero sin interesarse, naturalmente, por la expresión en cuanto tal, que aquí no es más que un elemento secundario, válido solo para establecer diferencias semánticas». Para una distinción entre semántica desde el significante y semántica desde el significado, puede verse nuestro trabajo (Casas Gómez 2006b y cap. 9 de este volumen), en el que des-cribimos específicamente la inaceptable perspectiva teórico-metodológica de partir, para el análisis se-mántico, del significante o expresión y no del propio significado o contenido como objeto semántico, tradicional problema este de la investigación básica en esta ciencia que supone la contraposición meto-dológica entre una semántica de formas materiales y una semántica de formas de contenido y que pone de manifiesto los resultados antagónicos a los que se llega según se parta de una u otra perspectiva.

estaríamos ante distintos signos: /móno/ + Masc. + N ('traje de labor'), /móno/ ± Masc. + N ('simio'), /móno/ ± Masc. + Adj ('lindo'), /pReséNte/ + N ('regalo'), /pReséNte/ + Adj ('actual').

Esta necesidad teórica de modificar la concepción del significante ha sido continuada en la lingüística española por otros autores, como Rojo (1979: 113-118 y 1983: 17-18, 31 y 84-89) en el campo de la sintaxis funcional y, principalmente, Gutiérrez Ordóñez (1980: 73-98, 1981a: 73-85, 1989: 43-56 y 1992: 102-107) en el marco de la axiología, quien sostiene la posibilidad de una semántica funcional con el establecimiento de «quelques régles complémentaires de la commutation pour déterminer le nombre d'invariants de contenu dans les cas d'homonymie (lexicale ou syntagmatique)»[101], aplicando esta misma visión estructural del signo, en la que el significante incluye (cf. 1981a: 71, 76-82 y 157) la expresión más otros factores de *valor* (dimensión paradigmática) y de *valencia* semántica, sintáctica y formal (dimensión sintagmática), no solo a los hechos semánticos de polisemia u homonimia (cf. 1981a: 211-244, esp. 219-220, 1981b: 81-91, 1989: 126 y 1992: 103-106), sino también al análisis de la relación de sinonimia, cuyo problema, en su opinión, ha sido erróneamente planteado (cf. 1981a: 211-214), según se desprende de lo ya comentado anteriormente a propósito del fenómeno polisémico.

6.3. El potencial comunicativo de las unidades léxicas en el plano de la expresión

En diferentes trabajos, Wotjak[102] ha ido desarrollando progresivamente la descripción de su modelo del potencial comunicativo de las unidades léxicas, las cuales define como signos lingüísticos constituidos bilateralmente por la coexistencia recíproca de dos planos indisolubles, *expresión* y *contenido*, pero concebidos ambos en un sentido mucho más amplio y extenso respecto a la consideración glosemática de tales términos.

Este potencial comunicativo está conformado por numerosos aspectos que no han sido debidamente consignados en las obras lexicográficas y que resultan de un doble proceso de abstracción y generalización, ya que, por un lado, abarca componentes estereotipados y convencionalizados, es decir, propios de determinadas comunidades lingüísticas al formar parte del conocimiento común compartido por los hablantes de una lengua o de una cierta modalidad lingüística y, por otro,

---

101. Gutiérrez Ordoñez (1979: 155; cf. también 1981a: 149-166, esp. 157-160 y 1989: 49-56).

102. Véanse, principalmente, los siguientes estudios de Wotjak (1990: 265-285, 1992: 257-271, 1994: 155-173, 1997: 262-263, 1998a: 155-180, 1998b, 1999: 1034-1035, 2001: 60-61, 2004: 2795-2796, 2006a: 68-69 y 2006b: 63-94).

integra solo aquello que virtualmente todas las actualizaciones contextuales o realizaciones comunicativas tienen en común en un estado sincrónico dado, pues, como bien señala este autor (Wotjak 1994: 156-157; cf. también 2006b: 68-69), aunque en el discurso puedan existir neutralizaciones y actualizaciones específicas del potencial comunicativo de las unidades léxicas sistémicas en una situación pragmática concreta, tales «modificaciones comunicativas ocasionales en los actos del habla solo interesarán al lexicólogo o al lexicógrafo si han pasado de ser manifestaciones individuales y ocasionales y se han transformado en socializadas y usuales» (1994: 156). Por otra parte, este modelo integrativo no solo sirve para enmarcar el análisis pormenorizado del conjunto de factores, estrechamente relacionados y atribuibles tanto al plano de la expresión como al del contenido[103], constitutivos de este potencial comunicativo, sino también para establecer las relaciones existentes entre significado paradigmático y sintagmático, la tan conocida actualmente como interfaz entre léxico y sintaxis, y las dimensiones que el significado de las unidades léxicas alcanza en otros niveles de análisis semántico con su aporte a la constitución del sentido comunicativo del texto.

En cuanto al plano de la expresión, que es el que nos interesa en este capítulo, Wotjak parte del concepto de significante en sentido extenso planteado por Trujillo para llevar a cabo una interesante especificación de aspectos 'formales', frecuentemente descuidados por la lexicología y, sobre todo, por la lexicografía. En esta línea, propone como elementos integrantes de este plano las siguientes subespecificaciones:

1) indicación de la *secuencia fónico-gráfica* del cuerpo sígnico material bajo la *forma citativa* acuñada comúnmente en la práctica lexicográfica (infinitivo para los verbos o masculino y singular para los sustantivos y adjetivos);

2) caracterizaciones *morfológicas* relativas a la categoría lingüística o clase de palabra (sustantivo, adjetivo, verbo, etc.), así como especificaciones subcategoriales como género, número, persona, tiempo, modo, etc.;

3) indicaciones *sintáctico-semánticas* propias de la distribución o, más bien, combinatoria sintagmática de las unidades (principalmente para los verbos, aunque también para adjetivos y sustantivos), las cuales comprenden aspectos tan significativos como el *potencial actancial* o *valencial* (cantidad y cualidad obligatoria u opcional de los actantes, así como las secuencias actanciales que manifiestan la capacidad combinatoria de la unidad en cuestión) y las *restricciones contextuales* debidas, por ejemplo,

---

103. Para un análisis crítico de este potencial comunicativo de las unidades léxicas en cuanto modelo integrador de factores que afectan tanto al plano del contenido como de la expresión, cf. Casas Gómez (2007b: 85-96).

a hechos semánticos de carácter clasemático (cf. Casas Gómez 2001a y el cap. 3);

4) marcaciones *pragmático-comunicativas estilísticas* que este autor, a su vez, subdivide en los siguientes aspectos: a) especificación de la preferencia de uso en determinados tipos o géneros de textos (como, por ejemplo, poético, periodístico u otro registro de estilo determinado); b) adecuación situativa a una concreta esfera comunicativa (comercio, deporte, medicina, derecho, etc); c) variación diatópica o indicación de la procedencia geográfica de la unidad léxica, tan importante para una lengua como la española por su enorme extensión y variedad, y que localiza e identifica al hablante con una cierta región o comunidad de habla; d) variación diastrática o estratificación de carácter sociolectal (lenguajes de grupos: jóvenes, estudiantes, etc., lenguajes técnicos, profesionales, jergales o marginales); e) variación diafásica o establecimiento de indicaciones estilísticas como, por una parte, vulgar, familiar/coloquial, neutro, elevado, poético, etc. y, por otra, marcas como anticuado, arcaizante o neologismo; f) variación diagerenacional y diasexual, con indicaciones de las diferencias lingüísticas debidas al factor edad y a las características propias del lenguaje del hombre frente al de la mujer (sexolectos), y g) especificación valorativa de tipo connotativo, sintomático y apelativo, en cuanto marcas comunicativas intencionales, variables idiolectalmente, de acuerdo con una determinada situación pragmática (irónico, cómico, tabuizado, etc.), y

5) indicación de los *módulos lexicogenésicos aprovechados/lexicalizados*, factor este último que ha incorporado a su modelo (cf. Wotjak 2006a: 69 y 2006b: 69) para referirse, aunque simplemente lo cita, a las familias léxicas y construcciones de formación de palabras.

Como puede inferirse del conjunto de indicaciones sintáctico-semánticas contenidas en el punto 3, este lingüista, frente al paradigmatismo reinante en los iniciales análisis estructurales sobre el significado, integra acertadamente en su modelo, junto a la dimensión paradigmática, el sintagmatismo de la lengua (los rasgos combinatorios o valencias semánticas) en la configuración del contenido de las unidades léxicas. De cualquier manera, conviene insistir en la idea de que no todos los hechos de distribución coinciden con la paradigmática de reglas subyacentes al significado sintagmático, dado que, cuando hablamos lingüísticamente de distribución sintáctico-semántica, a menudo se mezclan elementos pertenecientes al contexto verbal con otros, de naturaleza más restrictiva, que son propios del contexto de lengua, es decir, debemos diferenciar, por un lado, entre rasgos valenciales facultativos y restricciones normativas y, por otro, actantes o valencias exigidas obligatoriamente por una determinada unidad léxica y restricciones combinatorias sistemáticas, como es el caso de las relaciones clasemáticas en tanto tipo de restricción léxica genuina del contexto de lengua.

No cabe duda de que el aspecto más discutible de estos factores pertenecientes al plano de la expresión lo constituye el relativo a las indicaciones comunicativas pragmáticas y/o situativas, sobre todo las que conciernen directamente al complejo ámbito de la variación lingüística con sus múltiples interferencias e interconexiones. Así lo reconoce el propio Wotjak (1998: 159-160) al señalar que requiere un estudio ulterior el análisis de estos fenómenos, principalmente por la común mezcla de los componentes que integran la distinción entre diastratía y diafasía, así como de los múltiples aspectos que forman parte de la diafasía que, al ocuparse de las diferencias de expresión o modalidades expresivas, siempre se ha identificado con la dimensión estilística del lenguaje, sin aclarar los autores que este ámbito comprende dos facetas que no deben nunca confundirse, ya que una cosa son los estilos de lengua (variación de estilo) dependientes de una determinada situación comunicativa (informal, formal o elaborada), aspecto al que en su origen se reducía prácticamente la diafasía, y otra bien distinta las variantes estilísticas pertenecientes al hablante en cuanto rasgos connotativos o marcas pragmáticas que generan los diversos usos no literales del lenguaje[104]. Por estas y otras razones, iniciamos, hace ya algún tiempo, una línea de investigación en torno a la lingüística de la variación, tanto desde la teoría lingüística como desde la sociolingüística, en un intento de establecer una mayor delimitación entre todas estas dimensiones variacionistas, analizar cuáles son las nociones conceptuales que recubre cada tipo de variación en el lenguaje y proponer, en última instancia, una clasificación tipológica de los diferentes hechos de variación[105].

Nuestra propuesta en relación con los elementos que integran este plano significante, tal como queda reflejada en el apartado siguiente, resulta, principalmente en lo que atañe a estas marcas variacionistas, algo más limitada, desde el momento en que supone una restricción de estos aspectos comunicativo-pragmáticos a aquéllos que realmente sean funcionales en el sentido de que cumplan con la función de comunicación mediante una socialización o competencia lingüística generalizada en el uso. En esta línea, coincidimos plenamente con Wotjak (2006b: 75) cuando afirma que «no todos los factores que influyen en la producción

---

104. Entre ambos subtipos de variación diafásica pueden establecerse ciertos paralelismos, como sucede con la escala de lo informal en cuanto uso situacional *y* el carácter despectivo de un vocablo, y correlacionarse, además, con aspectos diastráticos desde una vertiente de actitud social (cf. Borrego Nieto 2001: 240-244) que se entrecruza con las dimensiones anteriormente mencionadas.

105. Véase, en este marco de análisis, la propuesta que realizamos en nuestra contribución (Casas Gómez 2003a: 559-574) al homenaje académico del profesor López Morales.

del sentido comunicativo en los enunciados y que caracterizan individualmente al hablante, es decir, aspectos de la función sintomática del signo en el sentido de Bühler en el habla oral, pueden indicarse bajo el potencial comunicativo de la UL respectiva: solo aparecen reflejadas características socializadas y usualizadas y, por consiguiente, nos parece fuera de lugar, indicar, como parte del potencial aportado, actualizable y/o actualizado en el discurso, la función ilocutiva concreta que fundamentalmente se deduce de la situación comunicativa, del conocimiento que tenemos del hablante, etc.».

6.4. Conclusiones. Hacia una tipología de criterios lingüísticos subyacentes al conjunto de factores pertenecientes al significante que delimitan significados e identifican signos distintos

De las consideraciones expuestas se desprende el desarrollo teórico de una concepción del signo que supone una extensión del *significante* y una diferenciación de este con la *expresión* de datos fónicos. Esta perspectiva metodológica ha supuesto una relevante aplicación a las relaciones léxicas, en especial a los universales semánticos de polisemia y sinonimia, con lo que se intenta resolver el problema homonímico, en el sentido de que en tales casos nos encontramos ante una única expresión y distintos significantes que determinan los significados de diferentes signos. Tal planteamiento se basa, como hemos visto, en una no identificación entre significante y expresión (significante ≠ expresión), ya que el significante es más extenso que la expresión fonológica: abarca, además de la pura expresión fónica, todo un conjunto de factores que delimitan significados (significante = expresión + factores que delimitan significados), esto es, formará parte del significante cualquier marca que sirva para determinar la existencia de significados distintos y, por ende, signos distintos.

Esta teoría, defendida por Trujillo, aunque la idea inicialmente puede encontrarse en los presupuestos gramaticales de Hjelmslev, quien integraba una imagen gramatical junto a una imagen fónica en el significante, y estaba latente en determinados planteamientos, como el llamado *principio de la diferenciación*[106], de la semántica alemana neohumboldtiana (cf. Casas Gómez 1998b: 169-176, esp. n. 35 y cap. 7), ha sido elaborada posteriormente por otros autores, como Rojo (1979: 113-118 y 1983: 17-18, 31 y 84-89) en el campo de la sintaxis funcional y, principalmente,

---

106. Se trata de uno de los rasgos esenciales que Kandler (1959: 263) establece como objeción fundamental a la investigación del campo lingüístico, en una línea de concepción muy actual a la resolución del problema de la polisemia y a la interpretación de los homónimos como signos diferentes, como en alemán *Bank* 'asiento' y *Bank* 'empresa financiera' (cf. cap. 4, n. 64).

en el marco de la semántica funcional, por Gutiérrez Ordóñez (1980: 73-98, 1981a: 73-85, 1989: 43-56 y 1992: 102-107) y por nuestro grupo de investigación[107], así como también por Wotjak en el ámbito de su modelo del potencial comunicativo de las unidades léxicas, según hemos explicado en el apartado anterior.

Nuestra propuesta, que pretende sobre todo mejorar, en unos casos, y completar, en otros, este conjunto de reglas semánticas que forman parte de este nuevo concepto de significante, tal como han sido presentadas, primero, por Trujillo y desarrolladas, más tarde, fundamentalmente por Gutiérrez Ordóñez y Wotjak, supone, de acuerdo con lo planteado en los epígrafes precedentes, por una parte, una ampliación y especificación de determinados factores y, por otro, también una cierta reducción de algunos de los elementos incluidos en este plano del significante.

Estos mecanismos integradores del significante pueden ser clasificados atendiendo a la naturaleza de los criterios manejados en la determinación de los significados respectivos de signos polisémicos, los cuales se basan en aspectos lingüísticos de carácter morfológico, léxico, sintáctico-semántico o sociolingüístico:

I. Criterios morfológicos
   1) pertenencia a categorías gramaticales distintas: *sobre* (sust.) / *sobre* (prep.), *tarde* (sust.) / *tarde* (adv.), lo que explica que tales signos nunca se presentan en los mismos contextos sintagmáticos: hombre *bajo* / un hombre *bajo* la cama;
   2) diferente potencialidad en sus variaciones morfemáticas:
       a) diferente género: *el pez / la pez; el capital / la capital*;
       b) diferente número: *celo / celos*;
       c) diferente variabilidad genérica:
           gato (pieza mecánica) / Ø
           gato (animal) / *gata*
       d) diferente variabilidad numérica:
           cortes (pl. fem.)/ Ø
           cortes (pl. masc.) / *corte* (sing. masc.)

Esta regla, como bien ha señalado Gutiérrez Ordóñez (1981a: 158 y 1989: 51), es aplicable, en consecuencia, a casos de homonimia sintagmática que producen pragmáticamente enunciados ambiguos. Así, la secuencia *El pájaro del prisionero*

---

107. Además de las principales monografías, como la general de Casas Gómez, *Las relaciones léxicas* (1999a: esp. 46-58) y los estudios concretos sobre las relaciones de polisemia (Muñoz Núñez 1996a: caps. 7-8 y 1999a: 42-45, 114-124, 169-171 y 181-307), antonimia (Varo Varo 2002: 228-232, 2003 y 2007a), parasinonimia (Rodríguez-Piñero Alcalá 2002, 2003: 120-129 y 2007) o hiponimia y antonimia (Penadés Martínez 2000 y 2004), estas últimas en el ámbito fraseológico, pueden verse los trabajos de Casas Gómez (2002a, 2004 y 2008), Casas Gómez / Muñoz Núñez (1992), Muñoz Núñez (1996b y 2002) y Varo Varo (2005, 2007b, 2010, 2012a y 2012b).

es, básicamente –pues son más los sentidos que puede evocar esta construcción *N de N*– la expresión de dos contenidos:

Sdo. A 'ave'
el pájaro del prisionero
los pájaros de prisionero
el pájaro de los prisioneros
los pájaros de los prisioneros
Sdo. B 'persona astuta, de cuidado'
el pájaro del prisionero
*los pájaros del prisionero
* el pájaro de los prisioneros
los pájaros de los prisioneros

II. Criterios léxicos

niño	*malo1*	niño	*malo2*
(ser)	rebelde	(estar)	enfermo
	díscolo		débil
	bueno		sano
	obediente		robusto

1) pertenencia a paradigmas semánticos diferentes, como ocurre con la doble dimensión paradigmática del adjetivo *malo* y su combinación sintagmática con *ser* o *estar* dependiendo de los elementos adjetivales de cada estructura:

Este fenómeno es particularmente abundante entre adjetivos. Piénsese, por ejemplo, en los cambios de aplicación semántica como fuente polisémica de adjetivos como *agudo* o *seco* (cf. 2 y 3)[108];

2) relaciones sinonímicas con signos diferentes (cf. n. 72):

$agudo_1$ = *afilado / romo* ('palo agudo')

---

108. Es bastante frecuente entre los adjetivos la pertenencia de sus significantes polisémicos a paradigmas semánticos diferentes. En ambos casos podemos establecer la existencia de varios signos mediante unos criterios de determinación del significado que han sido señalados por Gutiérrez Ordóñez (1981a: 159 y 1989: 53-54). En el caso de *agudo* nos encontramos con dos significantes lingüísticos distintos que contraen «relaciones de sinonimia con signos diferentes de la lengua»: agudo-1 = afilado / agudo-2 = inteligente, mientras que en *seco* hallamos distintos significados que «mantienen relaciones de antonimia con diferentes signos lexicalizados por el castellano» (1981a: 82):

seco-1 / mojado (ropa, …)
seco-2 / graso (piel, cabello, …)
seco-3 / verde (vegetales, …)
seco-4 / gordo

Más adelante, en el apartado de las oposiciones semánticas (1981a: 217), este autor esquematiza gráficamente la dimensión opositiva de los distintos significantes de esta expresión polisémica:

$agudo_2$ = inteligente / tonto ('persona aguda')

$agudo_3$ = intenso, fuerte / débil ('dolor agudo');

3) relaciones antonímicas con signos distintos (cf. n. 72):

$seco_1$/ mojado $seco_2$/ graso $seco_3$/ verde

$seco_4$/ gordo $seco_5$/ agradable $seco_6$/ dulce

$seco_7$/ húmedo $seco_8$/ jugoso $seco_9$/ fértil

$seco_{10}$/ juicioso $seco_{11}$/ caudaloso $seco_{12}$/ suave, etc.;

4) neutralización con signos diferentes y en hiperónimos distintos, como sucede con los sememas 'mamífero doméstico' e 'instrumento de hierro' del monema *gato*, que constituyen en realidad signos distintos cuyos significados no guardan, ni paradigmática ni sintagmáticamente, relación estructural alguna, y cuyos significantes lingüísticos, tal como ilustra Gutiérrez Ordóñez (1981a: 159) en una de las reglas que explican la existencia de varios significantes bajo una misma expresión polisémica u homonímica, «se neutralizan con signos diferentes y en archilexemas distintos» ($gato_1$ / $gato_2$):

felino ($gato_1$, tigre, puma, león, etc.)

herramienta ($gato_2$, llave, bomba, manivela, etc.);

5) existencia de signos derivados diferentes, criterio morfosemántico que supone una relevante prueba de comportamiento lingüístico en el ámbito de la formación de palabras, como es el caso de *valor_1* (> *valeroso*,

humedad	vinos	vegetales	cabello	carácter
seco	seco	seco	seco	seco
húmedo	dulce	verde	graso	agradable
mojado	quinado			

donde observamos la no inclusión de la oposición *seco / gordo*, aunque sí una ampliación del número de relaciones antonímicas de este adjetivo, a las que podemos agregar, con independencia de un considerable número de sentidos figurados (*dejar seco*, «matar a alguien», *estar seco alguien de alcohol, dejar seco a alguien o estar seco alguien de dinero*, etc.), otros *cambios de aplicación* (una de las fuentes de creación polisémica en la semántica tradicional; cf. Ullmann 1964a: 159-161) según el uso contextual de este adjetivo (como, por ejemplo, *seco / jugoso, seco / juicioso, seco / caudaloso, seco / suave, seco / fértil*, etc.). Como dice Penadés Martínez (1991: 197-198), «mientras que el *seco* de *carácter seco* puede acompañar a sustantivos que se podrían caracterizar por la presencia del rasgo /+ humano/, no sería ese el caso para los adjetivos de *clima seco* y *vino seco*; por otra parte, si la expresión *la tierra está seca* es aceptable, no puede decirse lo mismo de *este vino está seco*. Es decir, que estaríamos ante signos lingüísticos distintos (*seco*, *seco_1*, *seco_2* con diferentes relaciones sintagmáticas y pertenecientes a paradigmas diferenciados». Tales ejemplos ponen de manifiesto, según Gutiérrez Ordóñez (1981a: 82), que «sinonimia y antonimia son en sí hechos semánticos, pero en estos casos pueden considerarse asimismo hechos conformados por la lengua para diferenciar signos de expresión homonímica. Es decir, son también *significante*».

valiente) / valor₂ (> valioso, valorar, valorizar, revalorizar, desvalorizar, valoración, revalorización, etc.).

III. Criterios sintáctico-semánticos

1) determinación de esquemas sintáctico-semánticos distintos, prueba particularmente eficaz en la determinación semántica de los verbos que se construyen con o rigen funciones sintácticas y semánticas diferentes:

ocupar + se + Supl. / *ocupar* + C. D.

confiar + (en) Supl. / *confiar* + C. D. + C. I.

tratar + (de) Supl. / *tratar* + C. D.

referir + se (a) Supl. / *referir* + C. D.

Se trata de la existencia de componentes semánticos diferentes en el esquema distributivo que forman parte del contexto de lengua de tales signos y que determinan, por tanto, esquemas oracionales distintos:

dar 'entregar' (Alguien da algo a alguien)

dar 'producir' (Algo da algo)

2) diferencia de posición sintáctica, que posibilita que los contenidos de una misma secuencia fónica funcionen como signos distintos:

hombre *pobre / pobre* hombre

profesor *idóneo / idóneo* profesor

catedrático *extraordinario/ extraordinario* catedrático

3) relación sintagmática con signos diferentes:

ser vivo / estar vivo (véanse los ejemplos de II. 1).

IV. Criterios sociolingüísticos, como la frecuencia de uso, la disponibilidad léxica y la competencia lingüística generalizada.

Sobre estos últimos, es bien sabido que el funcionalismo más ortodoxo identificaba función con el contenido lingüístico determinable por el comportamiento paradigmático y sintagmático de las unidades de una lengua. No obstante, la función de la lengua implica un concepto más abarcador, basado en un principio comunicativo[109]. La incorporación en la actual semántica funcional de esta función de comunicación, que lleva inherente los criterios de frecuencia, disponibilidad y

---

109. Es esta una propuesta de análisis, que se enmarca en los postulados de la semántica funcional o axiología, surgida con los trabajos de Martinet (cf., sobre todo, 1975: 539-542 y 1976) y continuada por otros autores como, por ejemplo, Mahmoudian (1980: 5-36, 1982 y 1985: 251-274), Germain (1981), Schogt (1989: 51-59) y Gutiérrez Ordóñez (1989 y 1992: 101-107), pero que ya había sido señalada en la primera de las tesis, presentadas en 1929, del Círculo Lingüístico de Praga (1970: 15; cf. también Trnka, Vachek, Trubetzkoy, Mathesius y Jakobson 1980: 30-31) sobre la concepción de la lengua como sistema funcional, en la que se dice explícitamente que «la lengua es un sistema de medios de expresión apropiados a un fin». El hecho de que la lengua tenga como misión y objetivo central la comunicación había sido puesta de manifiesto, entre los lingüistas praguenses, fundamentalmente, por Mathesius (cf. Trnka

de competencia lingüística generalizada (se apela, mediante encuestas, a la competencia de los hablantes), va a tener repercusiones relevantes tanto en la polisemia como en la sinonimia, sobre todo, desde la óptica de la variación. Estos criterios de carácter sociolingüístico resultan decisivos en muchos casos donde lo paradigmático y lo sintagmático no resuelven el problema. De este modo, la frecuencia, que puede determinar la generalidad en el uso lingüístico de los hablantes de una comunidad, se convierte no solo en un criterio más de delimitación de los significados de palabras polisémicas, de determinación entre invariantes y variantes semánticas, sino que, en muchas ocasiones, sobre todo de acepciones adscritas a ámbitos diastrático y/o diafásico, constituye el único criterio posible de identificación funcional como fase previa de la estructuración de los significados de tales unidades (cf. Muñoz Núñez 1996a: caps. 7-8, 1997: esp. 20 y 1999d).

La principal consecuencia del conjunto de factores analizados es que no solo se posibilita la existencia de una semántica funcional, mediante el intento de solucionar el fenómeno polisémico y restaurar, de este modo, la simetría del signo (al menos desde el significante), sino que se abre una nueva solución a los hechos sinonímicos –cuyos casos se resolvían generalmente mediante la negación de la premisa mayor de su existencia– con el establecimiento de relaciones entre significados de signos, no entre signos o expresiones, perspectiva esta última que había sido la adoptada por aquellos autores que introducían el factor polisémico en el proceso sinonímico y consideraban que la polisemia o campo de significaciones de los signos era el motivo principal de que no existieran sinónimos absolutos.

1983: 249-250), al indicar, como explica Muñoz Núñez (1997: 1), «la estrecha relación existente entre el aspecto funcional de la lengua y el comunicativo».